東大寺二百十五世別当上司永慶

――華厳のこころ

浦上　義昭　編

国書刊行会

「上司永慶師尊像」東大寺持寶院蔵

讃　作・筒井寶秀　書・上司永照　画　浦上義昭

〔家族〕

長女（むつみ）、長男（圭一）、夫人と。（昭和47年、白浜にて）

昭和56年、子供達と共に（圭一・現住職永照、辰治、むつみ）

昭和49年、自坊にて

初孫を抱いて（昭和58年）

紀伊長島にて（昭和47年）

〔お水取り〕

南衆（昭和36年頃）「法華懺法」

大導師役・参籠宿所にて。
長女の息子と（平成3年）

和上役（平成4年）「食堂にて授戒」

呪師役（昭和51年）「大中臣の祓」

食堂作法（昭和36年頃）

戒壇院別火坊で「花造り」
（平成4年）

〔教師として〕

野球部員と共に

生徒達と。青々中学、東大寺学園では国語の担当だった

〔旅の思い出〕

仏教伝来の道を辿り、また三蔵法師の足跡を訪ねて、親しい仲間と巡礼の旅を重ねた。

クチヤの舞姫と……（平成9年）

華厳経発祥の地　ホータンにて（平成9年）

上司師が復興に尽力した、中国山西省・華厳寺にて（平成7年）

パオの中で楽しい食事、中国ウイグル自治区にて（平成7年、左端）

〔余暇を楽しむ〕

二、三歳の頃、疱瘡の予防注射の後腕が化膿し、おぶられて医院通いしたとき、痛くてどんなに泣いても、道端に咲く花さえ見せれば泣きやんでしまったという。三つ子の魂百まで……と言う如く、後々、教員時代の園芸クラブの担当に続き、寺の境内の樹木や自坊の庭、そして蘭に到るまで、日々植物に関心を持ち続けた。

熊野にて（昭和40年頃）

自坊裏庭にて（平成9年）

〔茶器〕

陶芸は東大寺整肢園理事に就任したとき、子供達が自立できる仕事にしようと始めた。自宅に作業場を造り、窯をもうけた。「私がやりたいと思っていたからですよ。でも、おかげで子供の中からプロが二人生まれました」。本坊で使う茶器のほとんどを自らこしらえた。自宅の窯も設計から仕上げまで手がけた。「自分で作れば焼き上がった物も納得できるでしょう」。プロ並みの腕前。毎晩、茶碗一つはひねる。が、それ以上は作らない。「趣味は生活リズムを高めるもの。本業にさしさわることがあってはいけません」

茶を楽しむ

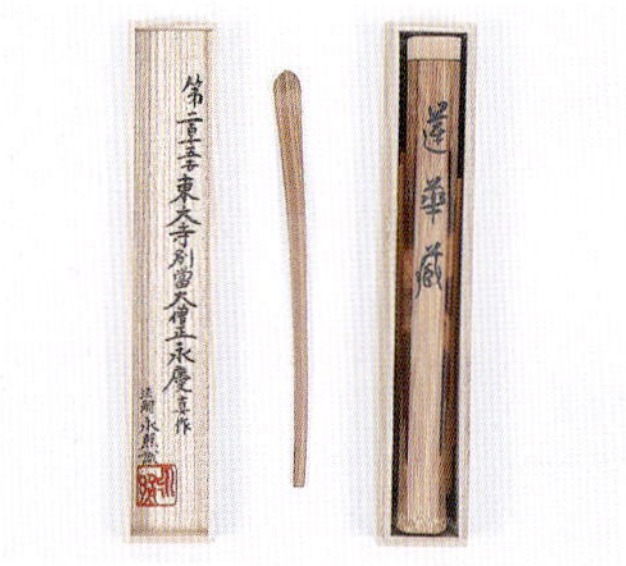

自作茶杓

二百十五世晋山記念品

〔花を愛しむ〕

昭和五十七年一月、仏陀生誕の聖地ルンビニーに無憂会の人たちと植えてきた無憂樹（仏陀生誕の機縁となった聖樹で、玄奘三蔵訪問の折には既に枯れ、千三百年間花が咲くこともなく仏教徒としては開花を熱望していた）が厳しい自然の中ですくすくと成長し、平成元年四月花を咲かせたとの便りが来た。

摩耶夫人やすらえ給えルンビニーに
ついに咲かせり無憂樹の花
山本美登一

東大寺学園園芸クラブの顧問の時代からアザレアの鉢植えなどを裏庭の通路に壇を作って育て、留守中は生徒達に水やりを頼んでいた。またそのころから蘭に関心を持ち、唐澤耕司さん（蘭研究の権威）のお宅を度々訪ね、蘭の栽培などについていろいろ教わっては、自坊の自作の小屋で実習していた。熊野方面、四国高知、宿毛にまで、自生の春蘭などの採集に出かけたこともある。

〔書〕

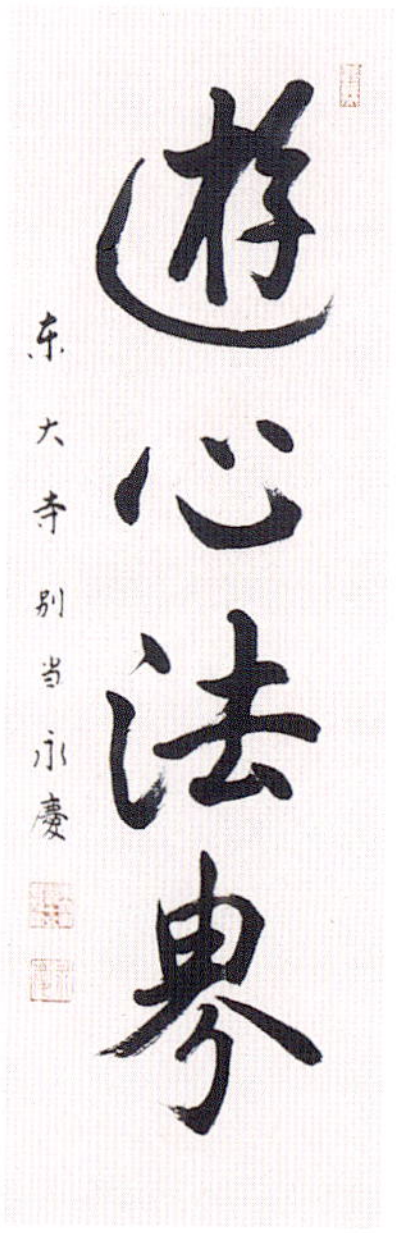

「遊心法界」

採拓・小嶋　栄

「東大寺大仏蓮弁拓影」

〔写経〕

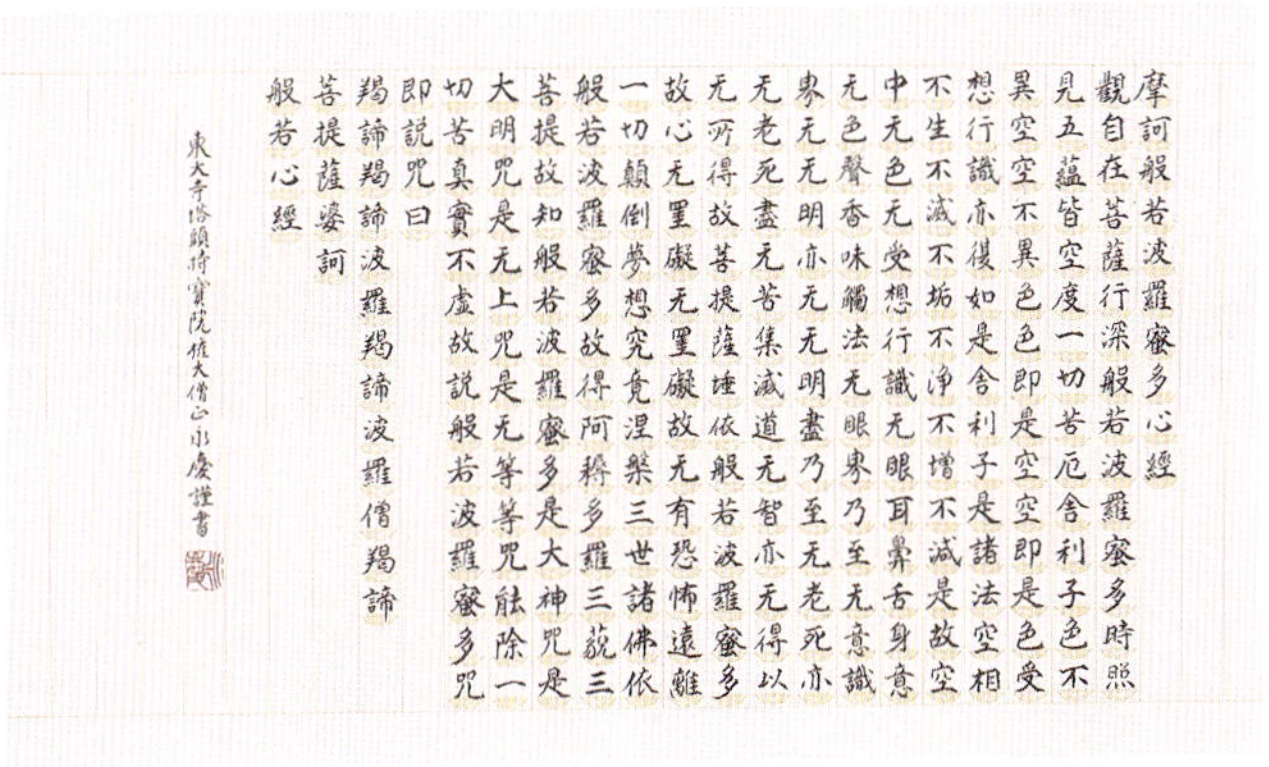
摩訶般若波羅蜜多心經
觀自在菩薩行深般若波羅蜜多時照見五蘊皆空度一切苦厄舍利子色不異空空不異色色即是空空即是色受想行識亦復如是舍利子是諸法空相不生不滅不垢不淨不增不減是故空中无色无受想行識无眼耳鼻舌身意无色聲香味觸法无眼界乃至无意識界无无明亦无无明盡乃至无老死亦无老死盡无苦集滅道无智亦无得以无所得故菩提薩埵依般若波羅蜜多故心无罣礙无罣礙故无有恐怖遠離一切顛倒夢想究竟涅槃三世諸佛依般若波羅蜜多故得阿耨多羅三藐三菩提故知般若波羅蜜多是大神咒是大明咒是无上咒是无等等咒能除一切苦真實不虚故說般若波羅蜜多咒
即說咒曰
羯諦羯諦波羅羯諦波羅僧羯諦
菩提薩婆訶
般若心經
東大寺塔頭持寶院住大僧正永慶謹書

「般若心経」

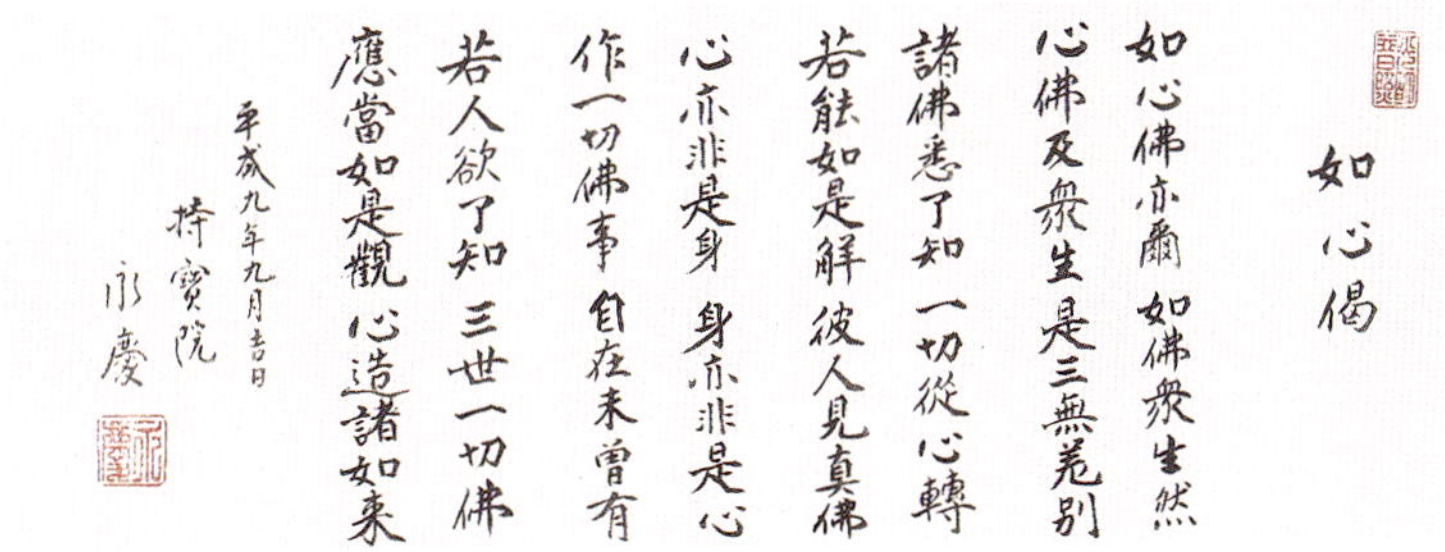
如心偈
如心佛亦爾 如佛衆生然
心佛及衆生 是三無差別
諸佛悉了知 一切從心轉
若能如是解 彼人見真佛
心亦非是身 身亦非是心
作一切佛事 自在未曾有
若人欲了知 三世一切佛
應當如是觀 心造諸如來
平成九年九月吉日
持寶院
永慶

「如心偈」

〔版画色紙〕

自ら版画を彫り、色紙に書をしたためて、お正月に親しい人たちに送るのを恒例としていた。

「蓮華蔵」

「無礙大道」

「円融月朗」

東大寺二百十五世別当上司永慶――華厳のこころ

序

私と華厳宗管長・東大寺別当上司永慶師とは、二十年ほどのお付き合いでした。玄奘三蔵の足跡を訪ねてシルクロードの砂地をともに踏み、花びら舞う大仏殿の前庭で語らったことなど、平成十二年六月の御遷化ですべてが過去の思い出になろうとしています。

東大寺の大仏様をいくら懸命に眺めたり、掌で撫でてみてもほんの一部しか理解できないように、永慶師の全貌といったようなものは、縁あってお付き合いのあった私達一人一人でも捉えきれていないような気がします。

今ここに、記憶が少しでも鮮明なうちに、各々の持つ部品を出し合い、繋ぎ合って、「道」を確実に一歩一歩踏みしめてきた永慶師の生き方、宗教観といったものを浮かび上がらせる事こそ、混迷する今の世にプレゼントできる数少ない作業だと信じます。

御自身の著作をはじめ、東大寺長老守屋弘斎師ほか多くの方々の貴重なお話を通して、永慶師の「大きさ」「あたたかさ」を皆様にお伝えできれば、編者として何よりの幸せです。

平成十四年　東大寺賢首会を前に

浦上　義昭

東大寺二百十五世別当上司永慶――華厳のこころ　目次

表紙題簽：上司永照　カバー装画：東大寺蔵　泰山府君座像台座より

序……浦上　義昭　19
上司永慶長老円寂一周年記念法会上致悼詞……釈　常明　23
釈常明法師への謝辞……上司　永照　25
華厳寺復興への献言――王啓良氏・釈常明師への手紙……上司　永慶　27
インド仏蹟巡礼の旅……上司　永慶　30
追憶の記……上司　永慶　48
縁起と共生……上司　永慶　61
永慶師を語る
東大寺と永慶師……守屋　弘斎・上司　永照　77

東大寺蛍 …… 堀池 春慶・上司 永照 86
教師としての永慶師 …… 赤井 弘・池澤 徳 91
篤志面接委員として …… 松谷 広照・喜多 久子・佐藤 四郎 95
「ほんなら、やってもらいましょか」 …… 田淵 五十生 100
御冥護を何卒宜しく …… 田中 真瑞 103
旅の人――永慶師 …… 宝来 茂・田中 喬三・筒井 正夫
筒井 温子・上田 靖子・石川 昌子・中島 善昭 106
ネパール孤児里親運動 …… 山本 美登一 110
「ネパール孤児」の里親へのお誘い …… 上司 永慶 113
晋山式、そして本山葬への旅 …… 浦上 義昭 119
祈りとともに …… 飯田 むつみ 121
あとがき …… 上司 純子 125
上司永慶師履歴 …… 128

上司永慶長老円寂一周年記念法会上到悼詞

於　中国西安興教寺　平成十三年七月二十一日

西安市仏教教会会長・興教寺方丈

釈　常明

上司永慶長老先生の一周忌に当たり、長老先生の思い出をかえり見るにつけ、我々は深い愛惜の思いにかられます。

長老先生の円寂は日本仏教界の巨大な損失でありました。また、中国人民にとっても、一人の親愛なる友人が失われたのです。

長老先生は何度となく日本の訪中団を率いて、中日仏教の交流のために、そして両国の未来のために多大な貢献をなされました。

また皆様もご存じのごとく、華厳宗の祖庭であります華厳寺は、千年余りの時の流れのなかで損傷激しく、長老先生にはその再建のために何度も御寄進などの努力を頂き、中国仏教の発展に多大な貢献をされたと存じます。本日長老先生の一周忌に臨み、我々は先生の華厳寺に対する多大な貢献に感激を新たにしておる次第です。

長老先生は華厳寺と深いご縁がありまして、わが国のことわざで言えば「水を飲んでその源を思い出す」という関係だと思いますが、その源が華厳寺にあるとしても、むしろ華厳寺の方にこそ多くの恩得があると言えましょう。

本来この法要は華厳寺で行うべきであったのですが、未だ伽藍は再建ままならず、諸条件整っておりませんので、やむを得ずこの興教寺で執り行われることとなりました。同じく仏教の教えを戴いているお寺ですから、ここに円満に法要が行われるよう努力致します。

またこのたび、長老先生の御高足である上司永照先生を団長とする皆様がこの興教寺においでになり、私は長老先生の古い友人としてとても嬉しく存じます。

上司永照法師様にはお父上の御意志を変わることなく受け継いでいただき、また華厳寺に対して変わらぬ御支持をいただき、さらには中日仏教のさらなる発展のために、一緒に努力して参りたいと存じます。

ありがとうございました。

釈常明法師への謝辞

上司　永照

永慶大僧正の法要をこのように盛大に開いて下さいました常明法師、それから興教寺の皆様、そしてそれに繋がる皆様に、日本側を代表いたしまして、心より感謝致します。

仏法の先輩でありますこの中国で、このような法要を一緒に勤めさせて戴くということは、無上の喜びであります。

ただ、残念なことに、この場所に私の師匠でありますす永慶はおりません。もしこの場におりましたなら、これ以上の喜びは無かったはずです。

師匠永慶は、仏教——お釈迦様の教えが自分の国、日本に伝わってきたのは、中国からの大きな力によったということを、生前さかんに語っておりました。

日本の仏教にとって大恩人の中国から渡って来られたお坊さんは沢山おられますが、その中に鑑真和尚がおいでです。鑑真和尚を日本にお迎えする時のことばに「山川域《さんせんさかい》を異にすれども風月天《ふうげつてん》を同じゅうす」との名句があります。山も川も国の境も違うけれども風が同じではないか、天が同じではないか、月も太陽も同じではないか、一緒に仏教を歩みましょうという言葉だったと思います。

永慶師匠も中国を訪れた折、華厳寺が荒廃している姿を目の当たりにして、これは中国だけの問題ではなく、同じ太陽、同じ月を拝み、同じ仏様を拝む我々の責任でもあると考えたのです。

そしてそのことを通じ、中国仏教界の皆様と非常に親しい友人となることができました。華厳寺の復興だけにこだわらず、中国仏教界全体との友好ということに関する師の意志を、私は弟子として継いでゆきたいと存じます。その意志を風化させる事なく受け継いでゆきたいと、この法要に参加して、改めて強く思いました。

中日のみならず世界中の人々が、さらには生きとし生けるものが風月天を本当に共有していると思えるような世界になればと思っております。

本当に今日はありがとうございました。

華厳復興への献言——王啓良氏・釈常明師への手紙

上司　永慶

拝啓

毎日寒さの厳しい日が続いています。諸大徳にはご健勝でお過ごしでしょうか。年あらたまり公歴一九九七となりました。あらためて御年賀を申しのべます。

新年お目出度うございます。昨年同様本年もよろしくお願いいします。

昨年は多くの方々の支持と御協力をいただいて華厳復興の基礎となる一万五八四〇・二四平方メートルの土地を買い戻し、華厳寺修復のための土地として認可いただいた旨の文書（一九九六年八月十五日付）をいただき、長安県の皆様、とりわけ華厳寺指導グループ弁公室の皆様の御指導と地域住民の理解と協力のたまものと厚くお礼申し上げます。更にそれ等の土地の囲いと崖の補修の設計及び将来計画についても御検討いただいている由、大慶に存じます。

昨年三月皆様にお会いして約一年が過ぎましたが、常に祖師塔の事が脳裏から消えることがありません。訪中して私の希望や提案を申し述べたいのですが、寺勢多忙で意の如くにはなりません。そこで書面をもって以下の提案をさせていただきたく筆を執っています。

一、まず全体構想を検討していただくこと。

全体構想は種々論議を尽くす中で経費などのことと関係してややもすると実現が困難となり、計画だけの結果になりがちなので、最も実現可能で将来に良い結果を生むところから着手していただきたい。

右趣旨から華厳寺の境内を明確にした上で、諸堂伽藍の規模や配置を考えるために「囲い」即ち土塀を建設することは賛成ですが、ただ土塀で囲いをすれば良いというだけでは賛成しかねます。

そこで、まず最も有効な入山口（華厳寺を参拝する人たちの出入口）、すなわち山門の位置と規模を検討していただき、山門を基点に先に御案内いただいた土塀（一九九六年七月六日付工程予算書・説明に準拠した土塀）の施工を実施されては如何でしょうか。

山門と山門に続く土塀の一部でも実現してくれれば、全体構想もまとまり易く、華厳寺のために土地徴用に同意してくださった方々（中店郷東四府村の人たち）の納得も得られ、華厳寺の将来のためにも良いのではないかと思うのです。

二、華厳寺の復興は、永年廃墟に等しく二祖の塔のみ残存していた現状で長安県の御尽力をいただいて今日に至っている実情を考えますと、長安県の御尽力御指導がなければ復興も容易でないと思いますが、将来の展望からいたしますと、政府主導から漸次人民主導に移行するのが得策かと思います。

右趣旨から、華厳寺の管理は将来的には華厳祖師達が唱導し実践された普賢行を実践し人民の幸福に寄与せんとする人物を選んで華厳寺の住職に推挙され管理させられては如何かと提言します。

中国の実情に対する知識も乏しく言葉にも欠け失礼な申し出で恐縮ですが、先にも申し述べました如く華厳の大先輩、文化の大恩人の祖師を祀る華厳寺の復興は両国のためにも大事な仕事だと思います。幸い私の友人達も私に協力して募金に協力してくれています。

現在は先に示された華厳寺の境内を囲う土塀の費用に該当する約参拾萬元（日本円で四百五拾万円）を目標に募金を募っていましたところ、ようやくその目標に達し、募金してくださった方々に了解を得て送金しようと相談申しますと、前述の申し出もあり、王啓良先生並びに常明法師のご意見を伺いたく、便りをさせていただいた次第です。

返信をお待ちしております。

合掌

一九九七年二月十日

王啓良先生並びに

常明法師殿

インド仏蹟巡礼の旅

上司　永慶

成道の地　ブッダガヤー

金剛宝座に跪いて

プリンス・ゴータマ・シッダルタが出家苦行の末この菩提樹の下で涅槃即ち正覚を成就せられたことはあまりにも有名であり、それは十二月八日の未明のこととされる。その経緯は述べるまでもないが、華厳経はその正覚を開顕した経である。華厳経に展開される世界はまさしく光明の普く照らし出された世界である。「華厳経は単なる文字の経典ではなく、そこに如来自らの顕現する場所なのである。それは現実には摩訶陀国の菩提樹下であるとともに蓮華蔵世界の浄土でなければならない」私の脳裏を離れない恩師高峯先生の言葉が活き活きと躍動する。十玄六相の縁起も、この菩提樹下を起点として円融する。その菩提樹下金剛宝座こそ仏蹟巡拝の眼目であり、ここに参拝することこそ仏教徒の彼岸である。そして再びそれをなしえたことは喜び以外の何者でもない。阿育王が大塔を造顕し金剛宝座を献じ、（紀元前二六〇年頃）法顕、玄奘等がここに詣でたのも、また大塔を巡って安置されてある小ストパーを献じた人々の心にもこの心が通い合う。そして未来永劫に、ここに参拝する人々にも通ずる心と言わねばなるまい。

この大塔五二メートルがイスラムの破壊を免れて幾世紀か土中に埋もれ、現状を回復したのは明治十六年（一八八一年にカンニンガムがベンガル政府の要請により発掘修築した）であり、その年から、くしくも今年は百年に当たるのである。

尼蓮禅河を渡る――スジャータの祠堂をたずねて

大塔の礼拝を済ませ、私たちは尼蓮禅河を渡りスジャータの祠ってある御堂へと向かう。尼蓮禅河は約四〇〇メートルもあろうか。乾期のこととて砂浜を歩くに等しい。着物と草履のため歩くのが困難であった。砂が草履にくいこむ、水のない川とはいえ、そよ風があり、汗ばむ頬を優しく通り抜ける。下流の方ではこの砂を掘り、水を溜めて洗濯している風景が眺められた。

川を渡り終え、麦畑の椰子の並び聳える畔路を通り菜の花畑を通って約十分程進むと、マンゴー林に包まれた小高い丘に出る。ガヤーからこのあたりまでがすべて古くはウルヴェーラ地方と呼ばれていた。スジャータはそのセーナ村に住んでいたのである。セーナ村と思われる村の村外れにスジャータを祀る白塗りの建物があった。村の子供達は物珍しげに集まってくる。入り口の庭には数多くのリンガーが祀ってあった。スジャータの建物も今はヒンドゥー寺院になっているのが明白である。建物の内部の薄暗い光の内でスジャータとおぼしき像が祀られてあったが、さだかではない。

帰路、尼蓮禅河より大塔を望見する。夕餉の紫雲が河畔を覆い、夕日に映える大塔はさながら一幅の絵であった。

釈尊の足蹟をたどって——ブッダガヤーからサルナートへ

初転法輪への道

紀元前五三六年、ゴータマ・シッダルタ太子は、馬丁チャンナを従え白馬カンタカにうち乗り、二十九年間住みなれたカピラ城から出家求道の旅に出られ、アーラーラ・カーラーマ・ウッダカ・ラーマプッタなどの仙人を歴訪され、断食行など徹底した苦行と禅定とを続けられること六年に及んだ。しかし、死を賭した苦行も決して涅槃への道ではないと悟られ、まず塵垢に汚れた身を清き尼蓮禅河で洗い清め、スジャータの捧げる乳糜をいただき、アッサッタ樹の樹下にムンジャ草の草座を設けて禅定に入られるのである。この樹下で太子は縁起の方を悟り正覚を成就せられる。しかし、太子が苦行を放棄されたと知るや、それまで太子につき従い苦行を共にしていた苦行の友であり、かつてカピラ城から太子のために差し向けられた五人の従者、即ちコンダンキャ・バッディヤ・ワッパ・マハーナーマ・アッサジ等は、太子のもとを去ってバラナシ（ベナレス）へと向かうのであった。

太子の菩提樹下に於ける瞑想（禅定）の期間について諸説があるが、その間、降魔の来襲や従逆の縁起観（四諦・八正道・十二因縁）と共に法悦の境にあった事が偲ばれる。そして、「我の證得せるこの法は難見難解」と述べておられる。しかし大慈悲心をもって法輪を転ぜんことを決意せられるのであった。仏伝では梵天が現れ衆生済度のため説法遊行せられることを勧請せられたと伝えている。時に（紀元前五三〇年）釈尊は三十五歳であった。

釈尊はこの悟りを伝えるために、当時、聖なる園として修行者の集まっていたベナレスの郊外のサルナートへと旅立たれるのであった。また、そこにはアッサジなどの五人が逗留修行しているミィガダアーヤ（鹿野園）があった。

サルナートにて——迎仏塔・博物館

ここまで来ると、迎仏塔（カマモロイティストパー）も指呼の間である。この迎仏塔は、一五八八年、アクバル大王が父フマユン王のため基壇の上に八角形のサラセン式の塔を建立したもので、フマユン塔とも呼ばれている。時間の関係もあり、この迎仏塔は車窓から眺めることとして、サルナート博物館に辿り着いたのは四時一五分であった。

清掃の行きとどいた瀟洒な建物で入り口正面に阿育王石柱の柱頭が立っている（この柱頭の基部は今もダメイク塔に隣接したストパー群の中に残っている）。美しく磨かれた大理石で、四方に牛、馬、象、法輪が浮彫され最上段に四頭の獅子が飾られている。これは印度の国章ともなって居り、阿育王が全世界へ法を宣布する象徴ともなっている。その右側には初転法輪像が端正な姿を見せ、奥の壁面には大法輪傘蓋石が置かれてあった。その外、菩薩像などが陳列してあり、永遠の祈りが館内に漂っていた。

ここの博物館の前にサルナート遺跡公園があり、僧院跡やストパーの基壇などが立ち並び、鹿野苑の往時を偲ばせる。公園の芝生にバラの花が美しく映えていた。

ダメーク塔――初転法輪と弥勒授記

つぎにダメーク（法眼）塔（全高四六メートル）に詣でる。熱心なブータンの僧が塔を巡って誦経していた。私たちも香を献じ塔前に跪いて読経する。夕暮れ迫るダメーク塔が中空に聳え読経の響きが周囲の静寂の中に広がってゆく。ここが初転法輪の地であり、仏陀（覚者）となられた釈尊が東に向かって坐し給い、始めて法輪を転じ五人の比丘を度し給える所である。五人の比丘はここで法眼（ダメーク）を体得したと仏伝は述べている。仏陀正覚のガヤーと共にここは仏・法・僧の三宝が成就した聖地である。「帰依仏・帰依法・帰依僧」の三帰依の言葉が口をついて出てくる。そして華厳経浄行品の教えが胸に迫ってくる。「汝未来久遠人寿八万歳の時に於て当に作仏を得べし、弥勒如来と名づく　猶し、我今如来たるが如し」と弥勒の為に記を授くる所もこの地であったと経典は述べている。

私は、釈尊が大慈悲心の灯明に光を点じ給い、未来永劫に希望の種子を播き給える所に、今、仏弟子など跪きて誦経するの奇縁を思うのであった。

涅槃の地クシナガラへ

夕靄漂う荼毘塔を巡る

夕暮れ迫る六時十五分、大涅槃寺を辞し荼毘塔へ向かう。夕靄が漂い始める中をバスは約十分程で荼毘塔に着く。

荼毘塔の周囲は生垣で囲まれ、芝生の中に荼毘塔は小山の如く聳えていた。ダメークの塔よりも更に周辺は大きい。塔前で香を捧げ舎利行道をする。

一心頂礼　万徳円満　釈迦如来　真身舎利　本地法身　法界塔婆
我等礼敬　為我現身　入我我入　仏加持故　我證菩提　以仏神力
利益衆生　発菩提心　修菩薩行　同入圓寂　平等大智　今将頂礼

夕日が赤々と丘を染めていた。我々の巡る大塔の裾のあたりは夕靄が濃くなっていた。太陽のまさに沈まんとする厳粛な空気が漂っていた。荼毘塔の周囲を巡りながら、修二会の涅槃講の情景が浮かんでくる。親しくしていた人たちの俤《おもかげ》が浮かんでは消える。中でもかつて旅を共にした新薬師寺の福岡隆聖さん、法隆寺の芳村さん、それに伝香寺の徳田明本さんのことが偲ばれる。

高峯先生の文の中にも思いはかぎりなく涅槃の古に向かうのであるが、渺茫たる流れのなかに今は亡き人となられた。

大涅槃寺よりもこの荼毘塔の方が、釈尊を追慕する気分がはるかに昂揚していった。

舎利行道のあと、私たちはこの大塔に登った。煉瓦は風化して脆くなっており、傾斜も急だった。塔の上から釈尊が最後に沐浴されたカクッタ河が白く蛇行して光っているのが望見できた。夜の帷が降り、大塔から降りた時はもう足もとは暗かった。

再びバスに乗って宿舎であるゴラクプールへと引き返す。土地の子供達がいつまでも手を振って送ってくれる。車中から外を眺めると暗くて風景はほとんど見えない。黒々としたマンゴー林や沙羅双樹の並木を通して、土蔵のような家屋の土間で夕食の炊物をしているのだろうか、牛糞を燃すあかりが印象的だった。また、ヒンドゥーの神々を祀る祠堂にはローソクの火がゆらいでいた。

釈尊を偲ぶ

釈尊は三十五歳で正覚を成就され、サルナートで五比丘を教化されてから八十歳で入滅されるまでの四十五年間は村から村へ、街から街へと遍歴して説法教化される生活が続いた。それと共に仏教教団は急速に大きくなり信者も増えていった。その範囲は、広く中インドのガンジス河流域にまで及んだ。その中でも経典に多く登場する王舎城、舎衛城はマカダ・コーサラ国の首都であり、王舎城の近くには竹林精舎、舎衛城の近くにはスダッダ長者の寄進した祇園精舎があった。雨期の酷暑には主として此等の精舎で弟子と共に雨安居されていたものと思われる。

釈尊入滅への旅

釈尊が入滅を予感され予言されるのは入滅三か月前だと言われる。そしてここクシナガラで入寂されるまでの経路は、

王舎城↓ナーランダ↓パータリ村↓ガンジス河を渡る↓コーティ村↓ナーディカ村↓ヴェールワ村（雨安居）↓ヴァーサーリ市↓バンダ村↓ハッティ村↓アンバ村↓ジャンプ村↓ボーガ城↓パーヴァ城↓カクッタ河↓クシナガラ

である。このうちガンジス河まではマカダ国であり、渡河からボーガ城まではワッジ国、パーヴァ城からクシナガラまではマッラー国である。

この経路を地図で辿ると、釈尊の生まれ育った釈迦族の故郷（入滅前に釈迦族はコーサラ国の瑠璃王のために滅亡離散していた）カピラ城に向かっている。そして、入滅の予言はヴァーサーリであったと言われる。「阿難よ、背が痛む。しばらく休息したい」とも、「わが齢は八十となった。たとえば古ぼけた車が革紐の助けによってやっと動いてゆくように、私の車体も革紐の助けによってもっている」とも述べておられる如く、苦痛に耐えての旅だったようだ。

しかし、死を決定づけるのは、ボーガ城を去り、この町の鍛冶屋チェンダの所有する郊外のマンゴー林に泊まられた翌朝である。このチェンダが供養にと朝食を出す、その中の茸を摂られた後、激しい腹痛に襲われたことによるとされている。

前田行貴先生（農学博士）は「チェンダの釈尊に供養した食事は『柔らかい豚肉』とか『有毒の茸』だという説があるが、豚肉説は翻訳上の間違いであり、有毒の茸説も受け入れ難い。茸は茸でも、茸に生えるカビ（アルカロイド）による中毒と思われる」と話しておられた。

下痢と腹痛に悩みながら、クシナガラの沙羅双樹の間に辿り着かれたときには苦痛もその極みに達していたようだ。アーナンダ（阿難）に、

「さあ、アーナンダよ。私のために沙羅の双樹の間に、頭を北に向けて床を敷いて臥せしめよ。わたくしは疲れた。横になりたい」

と言われ、釈尊は頭を北にし、西に向かい、右脇を床にし、足を重ねて、静かに臥し給うたのであった。その後も、阿難やマッラーの人々に教えを説かれ、弟子や信者達に見守られながら八十歳の生涯を閉じられ（無餘涅槃）たのである。

涅槃講・人間釈迦

二月十五日が涅槃の日と伝えられており、東大寺では毎年修二会の満行となる三月十五日に涅槃講が練行衆によって勤められている。

私の想いは、九年前に遡る。それは前回のインド旅行の時であった。釈尊がなぜ北枕で右脇を下にし、西向きで入滅せられたのか。インドにはそんな習慣があるのか……という疑問であった。答えは余りにも簡単で明解だった。それは「ゴータマ・シッダルタは故郷を思慕し、墳墓の地である、カピラ城やルンビニーの方角を望みながら入滅せられたのだ」ということであった。

幼い時から北枕・西枕は不吉として育てられ、平素は無理をしてでも南枕か東枕で育てられて来た私は、経典に出ている北枕、西向きの姿には何の抵抗もなかったのである。しかし、インドの地図を辿り、釈尊の自蹟を辿っている中に、この涅槃の地でその理由を糺すことが出来れば、との願いを持っていた。それが見事に解明できたのである。人間釈尊を、私は中国の陰陽五行道の説で見失っていたことに愕然とした。それと共に、釈尊への思慕が一層深まってゆくのを覚えたのだった。

ゴラクプールからルンビニーへ

釈尊生誕の地ルンビニー苑・摩耶堂

ルンビニー苑の入口から摩耶堂までは手入れが行きとどき、バラやカンナの花が美しく、周囲の荒涼たる有様と対照的だった。

菩提樹の聳える四角い誕生池の横を通り摩耶堂に参拝する。摩耶堂は石造りの御堂で、階段を登ると内部は薄暗く、摩耶夫人の像は油煙に煤つき、赤いサフランの聖粉がふりかけてあり、その上金箔が貼ってあるといった具合である。摩耶夫人と悉達多太子、それに叔母のマハーパジャーパティの三体の像であることが判明できる程度で、床の上は汚れ、供花が散っていて、今はヒンドゥー教祠としても拝まれていることがわかる。私たちは多人数のため堂内には入れなかったが、献香礼拝の後、全員で般若心経、如心偈を誦し供養の誠を捧げると共にお供物を供える。

阿育王石柱

釈尊の生誕年次については幾通りかの説はあるが、西暦紀元前五六五年（『歴代三宝記』所載「衆聖点記」による）説によっても、他の説によっても、摩耶堂の横に阿育王（無憂王）の石柱があり、石柱にブラフミー文字で、「神々に愛せられ温容ある王（阿育王）は、即位ののち二十年、みずからここに巡幸された。ブッダ、シャカムニが誕生された土地である。石柵を作り、石柱を建てさせた。ルンビニ村は租税を免ぜられ、生産物の八分の一のみを納めるものとされた」との碑文があって、現在も明瞭に認められる。

これは玄奘三蔵の、「大石柱あり上に馬像を作る。無憂王の建つる所なり、後、悪龍霹靂のために其柱中折して地に仆る」と記録しているのに一致し、此の地が釈尊誕生の地であることはほぼ間違いない。また、釈尊は浄飯王と呼ばれ、カピラ城に在り、母は摩耶夫人で、カピラ国の隣国コーリヤ城の王女であったこともあって、このルンビニー苑がほぼ中間のタラーイ盆地に位置していたことなどを考え合わせると、摩耶夫人は生国コーリヤの首都デェーヴァダハ（天臂城）へ赴かれる、いわゆる里帰りの途中であったようである。

夫人は池に入り、沐浴して池を出て北岸二十歩にして美しく咲く無憂樹（アショカツリー・サラカ・インデカ）の枝を手折らんとされた時、太子が誕生されたと伝えられている。

誕生池と摩耶堂との間には美しい五色の幡が垂れ、参拝の人達も多く訪れていた。

記念植樹――無憂樹の花咲く苑に

私たちはここで、無憂樹を植えることになる。無憂樹はインド三霊木の一つであるが、近年、此のルンビニー苑には枯絶しており、玄奘の記録にも「釈種の浴池あり證清皎鏡雑華弥漫す、その北二十四、五歩に無憂華樹あり今巳に枯悴す、菩薩霊を誕するの処」とあって玄奘三蔵来訪の時すでに枯れていた如くである。それはともかく、前田行貴先生の話だと、真実の無憂樹は八百年来、この地では枯絶しているので、何とか無憂樹の花咲く苑にしたいとの念願をたてられ、再度に及んだ。しかし未だ果たし得ない夢を、今度も駄目を承知で運んで来たとの事である。カルカッタまでボンベイの近くのプーナからは三十八時間の旅とのことだったから、私達が奈良を出発する以前にプーナを発って居られることとなり、それ以後七日間の仏蹟巡拝の旅にもこの苗は一緒だった。しかし無憂樹の苗は痛みもせず、葉の緑の色も美しくつややかだった。先生の執念が実ったのか、この度の旅にそれだけの幸運が伴っているのか、植樹苗としては申し分のない状態だった。さっそくビマラナンダ比丘の準備して下さった摩耶堂の近くの花壇に記念植樹をすることとなった。小さな生命が私の手の中に在る。その生命の健やかに育つことを念じて、私と行貴先生とが団員一同の見守る中で植える。幸いルンビニー苑専用の水源も確保されている。気象条件の変化はあろうとも、かつて無憂樹の育ち繁茂した土地であったことは疑う余地もない。育つことと確信し、念じて植える。

植樹を終えて、団員一同と共に、無憂樹の生長を祈り、かつまた、この無憂樹の花咲く時に再びこの地を訪問出来ることを祈って合掌読経する。ルンビニーを訪問していた人々も皆集まって、この状景を見んものと、人の輪が出来る。日射は強く、瞳をこらせば北の方遙か遠くに煙霧の如くヒマラヤが霞んでいた。

カピラ城趾

三時三十分、マヤホテルを出発し、四時ネパール領を出る。再びインド領に戻り、右へ大きく迂回してカピラ城への道を進む。四時三十分カピラ城趾に到着する。

昭和五十一年四月三十日、毎日新聞の夕刊に「釈迦のカピラ城発見」との見出しで、「幻のカピラ城」が、インド考古局のウッタルプラデュ州の寒村ピプラワーを中心とする六年間の発掘調査の結果、ついにその所在地を突き止められたことが報道された。その報道以来、カピラ城趾を見学することが私にとっては大きな夢だった。

ここピプラワーの地は静かな農村地帯で、ルンビニーからは僅か二五キロほどしか離れていない。インド領の土地ではあるが緑多い田園地帯である。農民達は稲の手入れに余念ない有様だった。一歩この地に足を踏み入れると、水路がめぐり稲の生育には恵まれた土地柄だということがすぐわかる。遺跡の煉瓦はうず高く残っていた。

この煉瓦の山の上に登って周囲を見渡すと、やはりカピラ城の一隅なのか芝生の丘に煉瓦が露出しているのが望見できる。また足下の煉瓦を見るといずれも大ぶりで現在の煉瓦の六倍もの大きさがあり、煉瓦の所々に籾の後が残っていた。

釈迦族と悉達多太子

カピラ城は釈尊が生誕より二十九歳の出家までを過ごされた所であり、恵まれた若き生涯を送られた所でもある。

釈迦族はこのカピラ城を中心とした地方豪族で、誇り高い人達の集団であったようだ。しかし、領土は狭く、隣国のコーサラ国に隷属する小国にすぎず、父浄飯王も大王（マハーラージャ）とは呼ばれず王（ラージャ）であり、共和制政体下に於ける王の地位にすぎなかったようである。

遺跡の煉瓦の中に籾跡があり、倉庫に当たる場所からは黒焦げの米が掘り出されていた。

釈尊の父の名はスッドーダナ「浄い米飯」と呼ばれていた。すなわち白米の御飯の意味で「浄飯王」と呼称される。また父の三人の弟が白飯・斛飯・甘露飯と呼ばれる如く、等しく飯（オーダナ）という名がつけられている。以上のことから推理して釈迦族はすでに稲作に成功し、白米も食べる裕福な部族であったようだ。また釈迦族の土地はインドでは辺鄙な地方都市であり、それだけに一六大国の政争や抗争からは縁の遠い存在であったと想像される。

悉達多太子は豊かで平和な環境の中で父の愛と継母マハーパジャーパティの慈愛の中に育てられるのである（実母摩耶夫人は釈尊誕生後一週間で産後が悪く亡くなられる）。

なお、カピラ城趾を決定づけた石製の舎利容器は現在石棺と共にカルカッタ博物館にある。この舎利容器の中に炭化した釈尊の骨（舎利）がおさめられてあり、僧院跡から発掘された容器の蓋には「この僧院は神の子カニシカ王がカピラ城の僧団のために建てた」旨の刻文があり、またテラコッタ製の印章四十個が出土した中に「カピラバスツ」と彫り込んだ印章も出土した等により、従来、現在のネパール領にカピラ城趾が在ったという説は否定されたのである。私達も遺跡の中から炭化した黒焦げの米を持ち帰っている。

祇園精舎・舎衛城趾

祇樹給孤獨園・阿難陀の樹とガンダクティー

精舎は釈尊在世当時、マカダ国と並び称せられ繁栄を誇っていたコーサラ国の城都舎衛城に隣接していた。釈尊の説法教化の拠点は王舎城の竹林精舎とここ祇園精舎であるが、なかでも祇園精舎は釈尊が二十五年も在住せられたとも伝えられる聖地で、多くの経典の説所となっている。「如是我聞一時佛在舎衛國、祇樹給孤獨園與大比丘衆、千二百五十人倶、皆是大河羅漢、衆所知識、長老舎利弗……」と読誦する阿弥陀経もやはりここ祇園精舎を説所としている。

また平家物語の冒頭「祇園精舎の鐘の聲、諸行無常の響きあり、娑羅雙樹の花の色、盛者必衰の理をあらわす……」と述べられる祇園精舎もまさしく此処である。祇園精舎は、その名の如く、舎衛国の波斯匿王（プラセナージ）の王子祇陀太子所有の園林を土地の長者アナータピンダカ（給孤独）が黄金を敷きつめて買い求め、造立した精舎であると伝えられている。

経典にはこの精舎には十六の重閣と六十の窟屋があり、厨房、浴室洗脚の処があって冬室・夏室も備わった大精舎であったと述べている。

私達が訪れた精舎跡は人影も少なく、静寂そのものだった。遺蹟は赤い煉瓦の磚塁の群などから坊舎などの跡と知れるのみである。入口の近くに阿難陀の菩提樹が聳えていた。菩提樹を釈尊を象徴する樹として礼拝したことはブッダガヤの欄楯からも知られるが、この阿難陀の菩提樹は今もその信仰に生きる霊樹であり五色の幡が飾られていた。私達もこの霊樹に合掌礼拝する。

歩をすすめると、磚塁の群に出合う。その中でもひときわ大きい遺蹟が給孤独長者が寄進したガンダクティー（香堂）ではないかと思われる。

香・花・茶を献ず

私達は釈尊の遺徳を偲び、仏蹟巡拝の無事を喜び、このガンダクティーで献花献茶を献じ誦経することとした。

釈尊の生涯の中で最も多くの歳月を過ごされたこの祇園精舎の御香堂で、日本から持参した香を捧げお茶を献じ得たことは、今回の旅の一つのハイライトであった。

法顕の記録によると、このガンダクティーはもと七重の堂舎であったが、焼失したため今は重層（二階）となっていると述べている。またこのガンダクティー内には、釈尊が三十三天に昇って母のために説法されたのを記念して優填王（ウダナヤ）が壇像仏（牛頭栴壇で造った五尺の如来形像）を造り、波斯匿王も紫磨金の如来像を造ってここに祠った事が増一阿含経に出ている。玄奘三蔵も仏像が祠ってあったと述べている。

だが、今は如来像はなく磚塁のみである。虚空に広がる青空の下、精舎の最も重要な大井戸の水を汲み、持参した携帯燃料で永年私と行動を共にしてきたコッフェルに湯を沸かし、自作の茶筅・茶杓でお茶を献じ得た事は生涯の思い出のひとときであった。

献香の準備は狭川普文、佐保山堯春の両師。献茶は加藤松江尼が和服の盛装姿で茶筅さばきも鮮やかに点前してくださった。献花は、そこに居合わせた住民からマリーゴールドの花束を譲り受けた。

準備の整ったところで、まず大仏線香に点火、続いて内田恵重師が献花・加藤松江尼が献茶。そして全員で心ゆくばかりに読経し釈尊の往時を偲び釈尊の徳を讃えたのであった。

三十五名の誦経は祇園精舎のすみずみまで響き渡り、花咲き鳥も唱和するかの如くで、はるばる旅をしてきた事の幸をかみしめるのだった。

（昭和五十七年発行　上司永慶『印度仏蹟巡拝の旅』より）

追憶の記

上司　永慶

融通念佛宗第五十八世管長梅原靈巖（旧姓冨澤）の生家に育った私は、十五歳の年（昭和十七年）奈良県立畝傍中学二年終了の春、縁あって東大寺塔頭持寶院に迎えられ入寺、同年八月六日当時の管長鷲尾隆慶師を戒師として、弘斎師（現華厳宗管長）、晋海師（現上院主任）と共に出家得度した。それを機会に永慶の法名を授けられ、東大寺の僧侶の一員として生活することとなる。

師僧永晋僧正は、修二会法要では堂司で四度も参籠され、教学執事も経験されてはいたが、四十五歳を過ぎる頃からは病みがちで、私が弟子入りしてから、法衣を着けられた姿を見たのは、私の得度式の当日だけであった。後での話では、三月堂の本尊宝冠が盗難の後、再び寺に帰還した時だったか、三月堂の諸尊が戦火を避けるため、一部山間へ疎開するのを見送られたときだったか、一度法衣を着られたと聞いた程度であった。

昭和十七年夏以降拡大を続けていた戦線に破綻が生じ、国民生活は徐々に窮乏の一途をたどり、軍事優先の風潮が一段と強化される。師僧は時局や病症のことなどもあり、私に一日でも早く僧侶としての勉強を終え、持寶院を継いでもらいたいと思われたのか、中学四年の時突然龍谷大学

持寶院入寺の日、実父冨澤幾治と

予科の受験を勧められた。

私が東大寺へ入寺したのも、また龍谷大学予科に進学したのも、半ば自然のなりゆきであった。それゆえ、僧侶になることも特別なこだわりもなければ悲壮な思いもなく、龍谷大学に進学できたのも、今から思えば受験の準備もないまま、師僧に勧められるままに進学させていただいたようなものである。

昭和十九年にもなると戦争も更に苛烈となり、国民生活も勝てる見込みのないまま「欲しがりません勝つまでは」を合言葉に進行していた。

私が受験した昭和十九年の龍大予科の定員は三十名で、私の受験番号は七番だったことは覚えている（受験生は二四三名だったと箱田君の記述にある）。合格発表の行われた日に、入寮の手続きを済ませ翌日入寮せよとの告示があり、あわただしい一日であった。

樹徳寮での生活は朝は点呼はもちろん、朝夕の勤行などさながら軍隊並であった。食事時の偈は今でも懐かしい響きで迫ってくる。

粒々皆是檀信　滴々悉是檀波

非士農非工商　無勢力無産業

自非福田衣力　安有得此飯食
慎莫問味濃淡　慎莫問品多少
此是保命薬飼　療飢与渇則足
…………

学校の講堂での勤行にも、出来るだけ出席することにした。東大寺での勤行もまだ充分身についていない私には、浄土真宗の法要も目新しく、拍子木（音木・節柝）の響きと、その捌き方の鮮やかさは新鮮であった。夕刻の勤行は寮の広間で行われ、正信偈・十二礼をはじめ三部経の繰り読みも行われたが、当番で御文章の奉読もあった。

「御文章」の奉読は、浄土真宗の人達にはもっともなじみの深いものだろうが、私は無知だった。しかもその当番が、入寮まだ浅い頃にやってきた。私は幸い佐賀出身の藤木法雨君と同室だったので法雨君に習い、予め御文章の所に印をはさんでおいて事なきを得た。

それは御文章五帖目の第十通、

「聖人一流の御勧化の趣は、信心をもって本とせられ候　その故は　もろもろの雑行をなげすてて一心に弥陀に帰命すれば　不可思議の願力として　佛の方より往生は治定せしめたまふ　その位を一念発起　入正定之聚とも杓子、その上の称名念佛は如来わが往生を定めたまひし御恩報盡の念佛と心得べきなり　あなかしこあなかしこ」

だった。もちろん慣れ親しんでいた訳でもなく、無我夢中での奉読だったが、今でも藤木君に教えてもらったリズムが忘れられない。

樹徳寮から学校までは毎日歩いて通学した。東寺の境内の一部を通過するのが日課だった。予科の教室は白亜館にあった。北側の水路をはさんで図書館があり、南の窓辺には花梨が植えられてあり、春にはピンクの花が咲き、秋には黄色の実が実った。正規の授業の中に軍事教練もあり、今は深草学舎になっている所は、その頃は練兵場で、匍匐演習をしてはいずりまわったことを覚えている。

寮での生活は厳しかったが、新しい学校生活は私には楽しいものだった。寮庭でフンドシ一つのストームも、忘れがたいひとときだった。弊衣破帽で都大路を闊歩する姿を、京都の人達は暖かく受け入れてくれた。京都は学生の街でもあった。

デカンショ節やノーエ節は、ストームの常連だった。デカンショがデカルト・カント・ショウペンハウエルだとも教えられた。そして「半年や寝てくらす」を、尤もだ尤もだと言える頃にはいっぱし、哲学の本を手に入れて読みあさっていたように思う（後でデカンショ節の生まれた篠山へ旅することがあり、「デカンショ」は灘の杜氏として「出稼ぎに行く」ことを指すのだ？ とも教えられる）。

樹徳寮での生活は戦時下であり、空襲に備えて私達は本願寺を護るため、警報が鳴り渡ると寮から本願寺まで駈け走った。図書館の裏のテニスコートの隅に防空壕があり、門主が国民服姿で立っておられたこともあった。

六月になると、同室の藤木法雨君に徴兵令状が届き、急遽兵役に服された。藤木君は、その後(十九年の暮れ頃)中国山西省で戦死されるのだが、なかなかその弔いも出来ず、平成五年東大寺の旅行団として山西省を訪問し、大同・大原・五台山の旅すがら、念佛を唱えて供養したのは約五十年の後であった。藤木君の冥福を祈るしかなかった。

六月、島根県浜田周辺の水害復旧に動員された。三個のおむすびと少々の生米(生米には豆糟が混入されていた)が支給され列車に乗り込んだ。当時は当然蒸気機関車で、軍用列車優先の時代である。動員列車は休み休み走る状態だった。私達は空腹だった。弁当のおむすびはすぐに食い尽くし、余部鉄橋を渡る頃には生米も食べ尽くしていた。

水害の修復や土地改良に動員されることは、当時珍しいことではなかった。中学時代にも経験があり、さほどの苦行ではなかった。人の力だけで農地を回復する作業をするのは楽な仕事ではないし、捗る仕事ではなかったが、純朴な農家の人達は私達を大切にもてなして下さった。休みの日は丘を降り、海辺まで出て鮑を獲り、白いご飯を食べさせてくれた。

夏休み前にも深草の兵器庫へ作業動員されたが、現在警察機動隊の建物のある位置だったと思う。ともかく一学期の試験も終わり、夏休みに各自寮を離れ郷里に帰ることとなった。

お盆の行事などで束の間に過ぎていった八月下旬、学校から学徒動員令が下り、大阪天下茶屋の香光寮を宿舎として、大阪大正区南恩加島の三光造船所で、勤労動員学生として働くこととなった。一年の二学期は勤労動員で始まった。香光寮では島津尚文君と同室となる。

天下茶屋の香光寮からは千本通りを通り、津守の渡しで渡し船に乗り、南恩加島の三光造船所へと、すべて徒歩で通った。三光造船は小規模な造船所ではあったが、大阪木津川沿岸の名村造船、藤永造船と共に軍需工場の一角にあり、三基の船台と大型のクレーンが稼動し、上陸用の艦艇や輸送船を建造していた。

海に縁のない奈良県に育った私は、船に対する興味もあり仕事に熱中していった。九月の当初は船大工の手伝いが主であった。川岸に繋船してある艤装中の船の木工部の作業が中心であった。重量のある木材を船に運び込む作業が多かった。桟橋は狭く鉄製で粗末なうえ斜めに掛かっており、川岸に繋留してある船と共に揺れるので、危険な作業の毎日だった。一度右足の親指に角材が落ち、生爪をはぎとる怪我をしたことがある。

工場には正規の工員や職員は少なく、朝鮮半島からの強制労働者や、イギリス・アメリカ・オランダの捕虜や、勤労動員学生生徒が中心であった。私は当初大工の手伝いであったため、艤装中の船の構造などつぶさに知ることができた。試運転に同乗した時もあったし、進水式に立ち会い、船台から川に進水する緊張の瞬間や、進水して川に浮かんだ感激を味わうこともできた。

しかし、戦局は日一日と切迫していた。船舶の建造は急務だったが、熟練工でさえ戦場に駆り出され、資材が逼迫していることも明らかだった。そんな中で私は、河野通尚君と原価計算課に転勤する。それから終戦の八月まで、タイガー計算器を使って帳簿と取り組む毎日が続くのである。

毎年二月二十日から三月十五日まで、東大寺では修二会が厳修される。天平勝宝四年（七五二）

に始められて、今日まで不断の行法として護持された行法である。治承・永禄の大佛殿焼上の年も、戦災の中で厳修された歴史があり、昭和二十年も灯火管制や音響管制の中で古式に則り修行されていた。私は動員中でもあり、法要に参加しなかったのは勿論であるが、三月十日師僧永晋僧正の訃報が伝えられ、急遽自坊へ帰省することとなる。

戦時中のことであり、修二会中のことなので、葬儀は川上町の五劫院でしめやかに厳修された。導師は唐招提寺の北川長老であった。白毫寺の火葬場へは自動車の燃料節約の折から、野作業用の牛車が使われた。約二キロの道のりを、しおしおとついて行ったことが今でも脳裏に残っている。師僧五十歳の早春であった。

この葬儀の日が運命の三月十三日である。十三日の夜半大阪大空襲が敢行された。爆撃の実情は知る由もなかったが、西の空が赤く染まり生駒さんの山姿がくっきりと浮かび上がって、時々舞い上がる炎の色が天空を焦がしていた。

翌日早朝骨揚げのため、再び南郊外の白毫寺へ徒歩で向かった。大阪大空襲で吹き上げられた紙片の灰が、粉雪の如く道端に散っていた。中には辞書の破片だろうか、数センチの白い部分を残しながら散っているものもあった。奈良から大阪は約四十キロ、西風に乗り生駒さんを越え、奈良近郊に降りそそいだのである。

十四日午後、私は再び大阪に帰ることとなる。幸い電車は運行していたので、上六へと向かう。上本町六丁目は比較的小高い丘の上にあるので、大阪市街が一望できる位置にある。上六駅を出た途端、大阪市街の姿が一変していた。黒々と広がる焼けただれた市街地、煙を上げて燻り続けている民家。異様に残っている白壁の土蔵と煙突、煙のかなたに黒々と光る大阪湾、すべてが地獄の変相図のようであった。

上六から徒歩で焼け跡の中を南区の法案寺を尋ねた。法案寺は師僧の学友の寺で、南区では名刹として知られていた。法案寺も焼け落ち、寺族の人達は近くの民家に辛うじて逃げのびられていた。挨拶もそこそこに千日前に出、南海線に沿って天下茶屋の寮に戻った。途中焦げ臭い匂いが充満していた。幸い香光寮は残っていた。学友の手によって辛うじて焼け残っていた。しかしその後、近くの平屋建ての民家に分宿することになる。

この民家で終戦を迎えることになるのだが、まだ最後の、しかも悪夢のような日々が待っていた。私達が予科に入学した十九年頃から、アメリカ軍の反撃進攻が激しさを加え、七月サイパンが陥落、日本全土が爆撃圏内となり、空襲の脅威にさらされ始めた。二十年三月には硫黄島が奪取され、四月には沖縄本島にも米軍が上陸する状況であった。

大阪は、三月十三日の空襲後から六月までは、少しは平穏な日が続いたが、六月以降は毎日のように空襲が続き、焼夷弾で焼き尽くされようとしていた。敵機は日本軍が制空権を失った大阪の空を、否、日本全土の都市を日中空を覆うが如く編隊を組んで襲って来た。日中の空襲では爆撃のあと、黒煙が空を覆い、太陽の日射を遮り、紫色の雨が降ることもあった。

夜間の空襲も毎晩続いた。原価計算課の人達の中からも、動員学生の仲間からも徴兵適齢の一年引き下げなども加わって次々と応召していった。そんな事なども重なって、私と河野通尚くんとは毎日残業することとなった。そして津守の渡しに乗るのはいつも九時頃だった。その時刻、決まったように空襲警報が鳴り響き、敵機の襲来を迎えたものだ。人間は不思議なもので、最初は恐怖心に襲われ自由に行動できなかったが、次第に慣れてくると、本当に危険な時とさほど危険でない場合との見分けが出来るようになり、意外と機敏に対処することが出来、余裕すら感じるようになるものだった。

七月に入って突然、理由も分からないままに、舞鶴軍港へ軍事訓練を受けるために出張することとなった。軍港は大阪の悲惨な姿とは別世界のように、静かでのどかな気分であった。カッターを漕いだり手旗信号を習ったり、兵営のあちこちを見学して回ったりした。港には潜水母艦「長鯨」が停泊し、伊号潜水艦や特殊潜行艇も姿を見せていた。造船所で働いていたため、軍艦や船の知識も少しはあったので、伊号潜水艦が史上最強最大の潜水艦だと感心もした。折り畳みの出来る翼を備えた艦上機がカタパルトの上に載っており、更に二機が搭載してあるとのことだった。一週間程度の短い期間であったが、妙にのどかで別世界のような体験であった。

七月も中程になると、津守の渡しを流れる木津川の両岸も次第に活気を失い、本土決戦に備えて造船所でも箱地雷が造られだした。それと共に川の流れから油膜がなくなり、ボラの稚魚などが群がって遡上してくるようになった。また捕虜の人達も姿を見せず、収容所が津守の渡しの近くにあった関係もあり、噂では不測の事態の備えて毎日団平船に乗せて曳航してゆくのだとささやかれていた。

七月も末になると、大阪市街は全ての活動を停止して、ただ徒に喘ぐような毎日だった。そんな中で八月六日を迎える。八月六日広島に原子爆弾が投下され、広島は一瞬のうちに死の都市と化したが、その情報をもたらしたのは篁昭観君だった。ピカドンの威力を伝え、広島の惨状を語ってくれた。翌日の新聞は、特殊爆弾が広島に投下されたことは伝えていたが、詳細は不明だった。続いてソ連と戦闘状態に入り、九日長崎に原爆が投下されるに及んで、いよいよ命運の尽きる状況とはなった。「勝利か死か」と教育されて来た私達の世代の人間には、勝利への希望はないものの、死に対してもさほどの恐怖心もなかった。

八月十五日の終戦詔勅放送は、師僧の初盆のために奈良の自坊に帰っていた時だった。初盆のことでもあり、十四日夜「明十五日正午重大放送があるから、全国民必ずその放送を聞くように」とラジオが繰り返し放送していたことも知らず、専ら師僧や御先祖の供養に時を過ごしていた。当時、自坊のラジオは真空管の交換も出来ず故障がちであった。ラジオが満足に聞ける状態でなかったことも重なって、正午前になって重大放送のあることを知ることとなった。

そこで、隣の清水管長の宅だとラジオが聞けるのではないかと走っていった。しかし清水管長宅のラジオの調子も良くなかった。ラジオを囲んで耳を傾けるのだが、雑音混じりでその要旨すら聞き取れなかった。「勝利か、死か」と言えば、勝利への期待がない以上、死を選ぶことになるのだが、そんな切迫感もなくただ漠然と空虚なものが走るように感じた。ラジオを囲みながら誰一人として明確に終戦を告げる放送だとは、理解出来なかったのである。三時過ぎ先祖の霊を送る読経をすませ、ともかく大阪の寮へ帰ることとした。

奈良駅は静かだったが、電車は動いていた。本当に妙に静かだった。大阪へ向かう電車の内の人影も皆、沈黙していた。車窓の景色だけが移り変わってゆくようだった。大阪へ着くと、大阪の全てが静かに佇んでいるようで無気力に写った。

無条件降伏を知るのは、寮に帰ってからだった。

米軍が進駐してくると、無事郷里へ帰れるのだろうかと不安がよぎる。勝利なき以上死を感じていたのに、妙に交錯した気分が支配する。八月十八日、香光寮の解散式が行われた。

生駒さんを徒歩で帰ることも覚悟していた自分が不思議に思えるほどだったが、大仏殿の甍を車窓から遠く望み見た時、また特別な感慨がわき上がるのを覚えるのであった。戦争は終わったのだ、と。

予科二年の二学期は、予想以上に早く始まった。再び講義が始まり、学友も次第に教室に顔を揃えるようになった。復員の人達も数を増し、学校に生気が甦るのにさほどの期間は必要なかった。ただ生活苦は重くのしかかっていた。ノートや鉛筆に至るまで不足していた。ノートの用紙もないまま、授業の筆記は師僧が夜学の先生をしていた時、生徒に書かせた作文の原稿用紙を裏返して使ったりもした。教材も不足していた。私は幸い、東大寺図書館の書籍が利用できたのが有り難かった。

龍谷大生時代（昭和24年1月）

予科から学部二年までは七条堀川の「岡」で下宿して勉強することとなる。岡は道路拡張のため、建物が撤去され今はなくなっているが、大学に近く自炊も出来、気楽な下宿先であった。毎日一合余りの粥を炊き、朝食にその上澄みを飲み、昼食に固くなった飯の半分を、夕食にその残りを食べて飢えをしのぎ、勉強した日々のことが今では懐かしい思い出となった。

学部では高峯了州先生に指導を受け、華厳を専攻できたことも幸せだった。勿論不肖の弟子だったことは慚愧に耐えないのだが。

二十五年三月大学を卒業してから約半世紀が経過した今、龍谷大学予科並びに本科で学んだ歳月は、決して恵まれたものではなかったが、波乱の人生は多くの教訓を授けられたように思う。修二会参籠や寺院生活では体験できない学友との寮生活、焼夷弾の洗礼を受けた日々、一合にも満たない米に命をしのぎ、みかんだけの食事に納得して辛抱し、薄暗い電灯を頼りに経典を読んだ日々が懐かしく思い出される。

昨今はシルクロードを旅しては、仏教東漸の労苦を偲び、生活苦の時代を偲んでは、ネパールの里親運動に加わり、傷つきつつある自然をいつくしんでは、螢の保存と飼育に励み、肢体不自由児のためには、率先して施設の運営にたずさわり、罪を犯した少年達には、話相手となって相談に乗る。そんな幾多のことと取り組めるのも、若き時代のこれ以上ない苦難を越えてきた体験の支えがあるからだと感謝している。

最後に戦場に散っていった旧友や、病魔に犯され往生して今は亡き級友（私には中学以来の友だった和田文城師を含め、多くの学友の顔が浮かぶのであるが……）に哀惜の念を捧げつつ、この稿を終えたいと思う。

（平成十一年発行　龍谷大学予科十九白線会編『白線』より）

縁起と共生――講演より

上司　永慶

ただいま紹介いただきました上司です。平素は奈良少年刑務所篤志面接委員として参加させていただき、矯正のことについては、いろいろと関心は抱いておりますが、なかなか時間がままならず、不勉強な点もありまして、今日こうして繁田先生の前にお話しするというのは、口はばったい気はしますが、私の経験を通して、「縁起と共生」という問題、特に最近、身近に出ている自然環境の問題や、いろいろな人間の有様についてお話ししたいと思います。なお、皆様のお手もとに配らせていただいたものは、私が本年二月から三月にかけて、「修二会」、一般には「お水取り」といいますが、そのときに大導師という役柄があります。その際の祈りの言葉、諷誦文を皆さんにこういう機会にご覧いただきたいということで、さしあげたものです。普段は二月堂の暗い中で唱えるものですから、よほど縁がないとご覧いただく機会もなかろうと思いますが、私たち参籠衆はそういう心で修二会に取り組んでいるということを最後のところで触れていきたいと思ったので、さしあげた次第です。

それでは、私が篤志面接委員になった動機をお話ししながら、いろいろと思っていることを話していきたいと思います。

現在私は、東大寺大仏殿の主任で、責任者です。同時に東大寺福祉事業団の理事長もしております。篤志面接委員になった動機もそういうところにありました。現在も月々、釈放教育の少年たちが東大寺整肢園を訪れ奉仕活動を続けています。その釈放教育の対象者である少年たちに、私の思いを、あるいは心がけをお話ししていることが、現在、私の篤志面接委員の活動として、最も中心になっていることです。

私は昭和二十六年から四十一年までは、ご存じかも知れませんが、東大寺学園の方で教鞭をとっていました。そして東大寺学園の中学校、高等学校の一貫教育が一段落したところで、東大寺整肢園へ常任理事として来たわけです。昭和四十一年頃の東大寺整肢園では、いわゆるポリオ（小児麻痺）の子どもたちが一段落して、脳性麻痺の子どもたちが増えている時代でした。東大寺整肢園は、昭和二十七年に設立計画が持たれ、昭和三十年に発足した、日本でも八番目か九番目という早い時期にできた肢体不自由児施設です。当初は股関節脱臼だとか、あるいは今で言えば軽度の子どもたちを収容して治療と教育と生活指導を中心にする福祉施設だったわけです。生まれながらというか、あるいは生まれた後、手足が悪くなったという子どもたちもいたのですが、それにしても今の園児から考えると、比較的恵まれた子どもたちではなかったかと思います。私はそれまで十五年間、中学・高校の非常に優秀で健康な子どもたちとの取り組みの中で日々を送っていた直後でしたので、大変なショックを受けました。どのような場合でもそうですが、距離をおいて見るのと、その中へ入り込むのとでは、かなり違いがあるものです。

介護をしないと食事のできない子どもさんたち、基本的にそこで何をやるんだということになると、まず「食べる」ということ、それから「自分で着る」ということのできる子どもに仕上げる、そして食べた以上は「便所へ自分で行ける」ということ、松葉杖でも車椅子でも何でもいいんです。何かを使いながらでも、とにかく便所へ行けるということ、そして「話す」こと、コミュニケーションのできる子どもさんに仕立て上げるということ、そういうことが日々の課題であったわけです。

私は幸い、学校時代に休むことを知りませんでした。とにかく「食べる」「着る」「便所へ行く」を意識したという記憶が無いのです。私は戦争中にこの近くの大阪大正区の造船場で大学予科の生活を送っていたものですから、戦時中のことで食べるものとてありませんでした。昭和二十年三月の大空襲の時には寮も焼け、食べるものに苦労した経験は嫌というほどしています。戦後になってやがて食べるものに不自由しなくなってからは、「食べられない」ということがなくなりました。

しかし、「食べること」ができない子どもたちが、当時約百名ほど整肢園にいたのです。そういう子どもに食事をさせてやりたいということから、私も今より二十五、六歳若かったので、とにかく膝の上に乗せて食事をさせてみようと考えました。また子どもたちと一緒にいろいろなことをやってみようと思い、職員が職員食堂で食事をしていたのをとりやめて、子どもたちと一緒に食事をしようと提案しました。そうして子どもたちの食堂へ入ってみると、彼らは一生懸命食べようとしているのですが、なかなか食べられません。

その頃の福祉は、転換期にありました。それは先ほども述べたようにポリオや股関節脱臼という軽度の症状がだんだん克服されて、脳性麻痺、いわゆるダブルハンディーの子どもが次第に数を増していました。

脳性麻痺の子どもは頭の中で「食べるんだ」という信号を送っても、逆に食べる動作と反対の方向に手が動くわけです。また、私が保母さんと同じように子どもに食事介助をすると、職員に「偉い人に抱かれて食事をもらうから、なお緊張して食べないのですよ」と言われたりもしました。別に自分で偉い人間だと思っているわけではありませんが。

とにかく毎日このような形で勤務していたので、服の前の方はいつも汚れていました。看護婦さんや保母さんは手際よく、こぼさずに食べさせています。食物はお皿に並んでいるときはよいのですが、一度口から吐き出されて床に落ちると、ひどく悲しく情けない思いをするものです。私はどうすれば子どもたちに上手に食べさせてやれるかといろいろ工夫してみました。そっと保母さんに聞いてみると、「それでは食べませんよ。口へ入れるというよりは、舌の上に乗せてやって下さい」とコツを教えてくれました。それだけのことが初めは分かりませんでした。舌が巻き取って食べるから食べられるのだということは思ってもみなかった。口へ運べば食べるのだと単純に考えていました。子どもたちはお腹をすかせており、元々食べたいのです。ところが緊張すると舌の方が言うことを聞かず食物が通らない。それで喉が詰まったらいけないから吐き出すという悪循環をくり返していたというわけです。こうして初めて、食物は舌の上へ乗らないと食べられないということが会得されました。私にとっては、職員の皆さんに子どもたちと一緒に食べましょうと言った手前、こちらが食べる前に子どもに食べさせてやりたいという気持ちがあったのですが、まったく食べさせるということは大変なことだと感じました。私の経験から考えると、食物の無い時分は、食べ終わってもまだ満足できず、常に飢えていました。それと同じような子どもたちのいじらしい生き様を見たとき、人生というものは苦に満ちている、と感じました。仏教では生・老・病・死という四つの苦を基本に挙げます。その苦から解放されるために、いろいろな勉強をしなさいとしています。しかし「食べること」「着ること」もまた大変な苦なのだと知ったのです。

しかしそれ以上に、「便所に行くこと」は、本当に大変なことだったのです。看護婦さんもかなりの子どもたちにおむつをあてがっていました。当然今のような紙おむつはありません。洗濯婦さんがどんどん洗ってくれたものを、今度は伸ばして整えないと使えない。当時園児が約百名、職員七十五名に養護学校の先生が六名と、約八十名で世話をしていたのですが、それでも手が足りないのが実情でした。

そういう中でボランティア運動を開始しました。昭和四十一年頃ですからまだ、「ボランティア」という言葉はあまり世間では知られていません。東大寺整肢園で始めたボランティア活動というのは、おそらく県下でも最初のものではなかったかと思います。整肢園の子どもたちには先に話した四つのことを身につけて社会に帰っていかなくてはなりません。社会へ帰っていく前に、社会との触れ合いの時間を子どもたちに持たせてやりたかったのですが、それには、子どもたちを社会へ連れ出すか、社会の人々に整肢園に来ていただくか、二つの道があります。子どもたちを社会へ連れ出すのは経済的にも人材的にも無理がありました。また、少しでも社会に開かれた施設として、社会の人達に顔を出していただく場でありたいという思いもあり、ボランティア活動を開始したのです。一番最初にしていただいたことは、毎日毎日、おむつを畳んでいただくことでした。

そのうち奈良少年刑務所の方でも釈放教育で奉仕活動をやっておられるという話を伺いました。その釈放教育とボランティア活動との関わりの中で、両方のドッキングというものを果たせたらどうだろうかということになり、少年刑務所の方からの申し出もいただいたので、ボランティア活動に参画していただくことになりました。罪を犯した人達でもあり、園には若い女性も多いため、職員に不安もあったのですが、そんな心配はいらない、大丈夫であるという言葉をいただき、取りあえず来ていただくことにしました。四十一年秋ぐらいからのことです。そうすると、実に誠実にやってくれるのです。私が一番ありがたく思ったのは、食堂の床に厚くぎっちり積もっていた御飯だとか海苔だとかの汚れを削り取り、きれいに清掃していただいたことです。奈良少年刑務所の若きエネルギーというのは、私たちにとって非常にありがたかった。私はどのような前歴であろうと、ボランティアはボランティアなんだということで、彼らが来たときには必ず、東大寺整肢園の実情、命の大切さ、食べることの厳しさというような事をお話ししていました。

福祉施設と矯正施設はこの点で共通の基盤に立っています。身体の弱い子どもたち、知恵遅れの子どもたちを一か所に収容して社会復帰の日を夢見ながら育ててゆくことと少年刑務所の生活は、社会復帰が基本にあるという点で、本当によく似ているのです。

しかし、なかには社会復帰の難しい重い病気の子どもたちもいます。早く亡くなっていく子どもたちに、私はいつも連れ添うように話しかけてきました。そうして明日への生きる望みを伝えることが、お医者さんと違う私の役目でした。最近は重度化どころか、重症心身障害児とも取り組まねばならない状況になりつつあります。医療や福祉が進めば進むほど、高度医療、高度福祉になる運命にあります。それに耐えられるだけやっていかなければいけないと思ってやっているのです。

今朝も奈良を出発する前に、少しでも「生きる喜び」「生きがい」を育てたいということで、生徒の作品を中心とした催しをこの十二月に行うということで、その打ち合わせをしていました。今も整肢園と奈良少年刑務所との関わり合いは続いています。

さて、それではなぜ、こういう施設が東大寺に育ってきたか。昭和二十七年に、聖武天皇千二百年の御遠忌を迎えました。昭和二十七年というと、まだ日本の復興が進まず、経済的にも大変な時期です。朝鮮動乱による特需景気で少しずつ前向きに経済が動き出した頃ではなかったかと思いますが、とにかく生活物資は欠乏していました。寺も例に漏れず、大変苦しい中でしたが、とにかく聖武天皇の御遺志を継いだ、千二百四十数年の歴史を誇る大寺です。何としても地域住民の皆さんや、国民の皆さんと共に歩んでいくためには、この苦しい中で何をすればいいのかということが模索されました。そして昭和三十年に光明皇后の御遠忌を機会として、福祉事業に踏み出したのです。光明皇后は、歴史的にも非常に有名な悲田院や施薬院というものを造りました。悲田院というのは、生きることの困難な、食糧のない人を救う施設でしたし、施薬院というのは、病気の人を介護する施設でした。光明皇后や聖武天皇の御恩義に報いるためにも、ささやかでもとにかく福祉事業に取り組んでいこうということで、昭和三十年に東大寺整肢園が発足するわけです。

私は現在、大仏殿主任として、大仏殿で今朝も勤行をしてここへ出てきました。あの大きな十六メートルにも及ぶ金銅仏が、天平勝宝四年（七五二）に出来たというのは事実であり、その精神もやはり仁政との関わり、あるいは人との関わり、そういうものと無縁ではありません。中国にいろいろな仏教が育ち、日本には欽明天皇の時代に仏教が伝わりました。仏教はその二百年後の奈良時代にますます盛んになります。東大寺は中心ご本尊として盧舎那仏を建立していくことは皆さんご承知の通りです。あの巨大な仏像、国の富を尽くして造られた仏像は、今までに幾度かの戦火をくぐり抜けながら、今日あるのです。日本に仏教が伝わったのが欽明天皇の時代で、西暦五三八年説が最近では中心ですが、群臣に仏教を受け入れるかどうかを問われたのは五五二年でした。そして七一〇年に、飛鳥藤原宮から奈良に都が移り、新しき国造り、律令国家の象徴として盧舎那仏は造顕されていくわけです。

いろいろな歴史的背景を話していると、この時間ではとても間に合いそうにないので、その心となる詔勅だけを紹介したいと思います。詔勅には、大山を削って堂宇を構え、盧舎那仏を造顕すると述べてあります。そしてそれは何のためかということについては、「乾坤相泰動植物咸栄」と申しておられます。三宝（仏・法・僧）によりて、つまり仏の教え、仏の加護によって、天、地、自然がやすらかであってほしい、それから良い行いを行うことによって、万代の福業を修めて、動物も植物も皆栄える国であってほしいと思うからこそ、この盧舎那仏を造顕するのだと述べておられます。しかし、当時、日本の先端技術をもってしても、大変な事業であったことは事実でした。それまでは一鋳式の像を造ることにはたけていました。一鋳というのは、型を何枚にも分けていましたが、熔けた銅をいっぺんにそそぎ込み、後で型を外して本体を出してゆく方法です。大仏様になると使用する銅だけでも五百トンになるので、いっぺんにそんな像を造るわけにはいきません。少なくとも温度は千百度ぐらいまで上げなければなりません。それで、結局分鋳式で、三年の歳月をかけて八回に鋳上げをしました。これは、機会があれば大仏殿へおいでになったとき、詳しく説明させていただきたいと思います。

私が言いたいのは、そのような大変な盧舎那仏の造顕というものは、決して他の目的でするのではなくて、国民の幸せと、それからそこに住む動物もそこに育つ植物もことごとく栄える国であってほしいと思うからこそ造るのだ、ということです。先の詔勅にはその後に「事成易成心也難至」という言葉が続けて述べられています。造顕という技術的な問題と取り組むと同時に、そういう心構えとの取り組み、そういう心根を育ててこそ初めて、天皇の思し召す結果が期待できる、と述べておられるのです。御仏に仕える心、全ての動物も植物をも哀れむ心を育て上げていくことこそ、平和的な国家を造っていく根本であり大事な目当てなんだ、だからこの大仏尊像を造るんだと言っておられるのです。

大仏殿はその後治承四年（一一八〇）に焼かれ、また永禄十年（一五六七）にも戦火を受け、現在の建物は宝永六年（一七〇九）のものでしかないわけです。たぶん皆さんが奈良の大仏さんを見て、鎌倉の大仏さんとの違いは、鎌倉の大仏さんは露座であるが、奈良の大仏さんはずっとあの建物の中にいることだと考えておられることでしょう。しかし、決してそうではなかったのです。治承四年（一一八〇）、平重衡によって十二月二十六日に京都を出た軍勢が、二十八日に南都を焼討ちするわけです。そして大仏様の首が落ちる。身体のかなりの部分が焼けます。そして建物は全部灰燼に帰しました。それから重源上人が二十三年の歳月を経て、東大寺を復興しました。もちろんそのときには源頼朝の助力もありましたが、いずれにしても、建仁三年（一二〇三）に修理を終えました。その年の十月、あの南大門仁王像が出来上がりました。それが重源上人の最後の仕事でした。その後また永禄十年（一五六七）の十月十日、三好・松永の戦いによって焼けてしまいます。これは室町の末で、その後戦国時代となり、なかなか復興できません。復興どころか、建物も全部無くなっているわけですから、何から手をつけてよいか途方にくれるという状態でした。大仏様は台座と身体の下半分しか残っていませんでした。そこで大和の都祁村の山田道康や寺のお坊さんたちが随分苦労して、一時的に板金で外形だけは保つようにしました。板金というのは、赤かね（金銅板）を叩いて、それを継ぎ合わせ、中は木枠を入れる方法です。作業は家康が政権を取るまで続けられました。大仏様が本格的に修理されるのは元禄五年（一六九二）、今から三百二年前でした。その間大仏様はずっと露座だったのです。その後建物が整うのが一七〇九年です。

現在でも大仏様の身体のあちこちに傷跡がいっぱい残っています。しかし、幸いなことに聖武天皇の、乾坤相やすらかに動植物皆栄える国をと願われたその心が脈々と受け継がれておればこそ、二度も戦火をこうむりながら、三度の再建にと繋がっていったのではないかと思うわけです。

その聖武天皇の御遺志が盧舎那仏という形で現わされたのと同じ天平勝宝四年（七五二）に、東大寺は「お水取り」という壮大な行事を開始しました。今年は千二百四十三回目の行でした。私は昭和二十六年からその「お水取り」の行事に参加し、今年で二十四回目の参籠を済ませたわけですが、今年はその折に福祉のことや矯正教育の問題、それからまた、大仏殿が炎をあげて燃えている様や、露座であった時代のこと、いろいろな事を考えました。今、現実に引き寄せて考えてみると、世相の中にいろいろな問題があるように思えてならないわけです。

釈尊がインドのブッダガヤの菩提樹の下で正覚を得て涅槃の悟りを開かれた時の根本の思想は、すべての存在の真実が「縁起」にあると考えたことだという解釈が、一般的に支持されるのでないかと思います。本来的に敬虔なこのような考え方から言うと、どうも今の世の中というのはおかしいのではないかと思ったりします。今の日本人は等しくサッシのはまった家の中に閉じこもって、自然から自分を守ることに専念して、自然の痛みを無視しているのではないかという気がしてなりません。

中国を旅し、印度を旅し、パキスタンやネパールというような所へ行ってみますと、人々は未だにつつましやかに生活しています。自然と共存しているという姿がしみじみと感じられるわけです。今の日本は非常に恵まれているがために、自分の生活を守ることに汲々としているのではないでしょうか。恵まれない国々に対して援助はしていますが、本当に血の通った援助が非常に乏しいのではないかと思います。遺産というのは何もいいことだけが遺産になるのではありません。負の遺産が非常に増えてきてるのではないかと思うのです。

たとえば、大仏殿でも昨日から酸性雨の測定機を取り付けました。昨日、おそらくテレビにも出ていたと思います。酸性雨だけでなく、いろいろと変化を調べないといけないという状況になってしまっています。大仏様には負の遺産として二度の戦火の傷跡が色濃く残っています。これは本当に一部の人達のまちがった行いによるものですが、今や社会全体が空気を汚したり、自然を傷つけたりしていないかと思うのです。

先月のことですが、中国の河南省の少林寺からの帰りに上海に立ち寄りました。かなりいいホテルに泊まったのですが、上海の水は飲めたものではありません。顔を洗おうと思って水道栓をひねると、プーンとかび臭いのです。風呂へ入ろうと思ってお湯を出すと、部屋全体が臭くていたたまれませんでした。現在中国は本当に驚くほどダイナミックに建設に取り組んでいますが、このように上海に見られるような負の遺産というのは、大変なものだと思いました。そこまで手がつけられないということなのでしょう。

日本では幸い昨今、経済大国として自然環境の保護への取り組みがかなり進んできました。しかし、公害という形で多くの人が無責任に果たしている現実というのは、しっかり捉えないと、負の遺産の中で我々の生活はくずれていくのではないかと心配です。私自身身近なホタルとの取り組み、

「大仏ホタル」を何とか復活させようという運動や、あるいは国外ではネパールの親のない子どもたちのホストファミリー、里親運動も実践しています。来年の一月にもネパールの孤児院に行こうと考えています。とにかく考えるだけではなく、本当にこの毎日の生活の中から、自分の生活の囲いの中から顔を出して自然との触れ合いを果たすなり、いかにすべきか、それぞれ行動に移さねばならないときではないかと思います。

また、日本は、近くに太平洋、日本海という大きな水瓶を持っています。今年は特別な暑さと晴天で水不足もありましたが、とにかく日本ほどその意味では、水資源の豊富なところはなかろうと思います。そういう資源に目を向けて、日々取り組んでいく必要もあろうと思うのです。

よく、思いやりすなわち慈悲という言葉はどこから出てくるのかと考えます。これはお互いが依存しあっているという関係をしっかり身につけて、相手の立場に立って思うこと、考えることです。全ての生命がそれぞれの立場を守りながら生きようとしているのです。この世に意味のない存在は何一つありません。もちろん、快い存在も不愉快な存在もありますが、それはそれなりに存在価値と存在意義があるはずです。それらの存在意義を認めて、ただ思う、考えるということだけでなく実践すること、これはもうだめであるとか、これは知らなくていいんだということではなく、最後までしっかり見つめて、知って、それへの対策を考え実践していく、そういうところに本当の思いやりがあるのではないかと思うわけです。

福祉の現場でも、いまや私の施設でさえＣＴスキャンを導入しています。とにかく新しい医療と新しい福祉に取り組まないとやっていけない時代になりました。しかし、それは一つのものさしとして、よりよく子どもたちを観察することによってこそ、成果が期待できるのではないかと思っています。奈良少年刑務所の子どもたちを見ていると、非常に可能性を持った健康な子どもたちです。とにかくよく知ること、そして知った上で、絶え間ない思いやりの心で取り組むこと、少し口はばったいのですが、愛情を注ぎながら取り組み助言していくのが、本当の篤志面接委員の仕事ではないかと思っています。大仏様は過去に多くの負の遺産を身に受けながら、両手をかざしている。右の手は施無畏の印、中指が向こうへ向かってすべての人々や願いを迎え入れています。左手は与願の印といい、「願い事をかなえてやりたい」と思う願いを表現しています。そういう温かい気持ちで今後とも矯正活動に取り組んでいただくことをお願いして、私の講演を閉じたいと思います。御静聴ありがとうございました。

（平成六年　第四十三回矯正教育研究会講演会より）

永慶師を語る

東大寺と永慶師

東大寺長老
（第二百十四世別当）
守屋　弘斎

東大寺持寶院住職
（上司永慶師長男）
上司　永照

東大寺あれこれ

——上司永慶先生は別当という最高の地位まで昇られたわけですけれども、昔は天皇の勅があったということですが、現在では東大寺の中でどのように選ばれるのでしょうか。

守屋　名称は古いですが、今は選挙ですね。

——東大寺には二十位の塔頭がございますけども、それがいわゆる選挙の権利者なのでしょうか。

守屋　そうですね。塔頭住職の三～五人のグループで、その中の権大僧正、僧正、権僧正から選挙で選ばれます。

——守屋長老は二百十四世で、上司師が二百十五世ですね。

守屋　そうです。

――塔頭に入るのは世襲的なものが多いんでしょうか。

守屋　基本的には世襲ですが、縁があって師弟関係を結んで入る人もいますね。上司師の場合は中に入る人があって、持寶院へ徒弟に入ったわけです。

――学校に行きながらそういうお坊さんの勉強をされるのですか。

守屋　いや、東大寺では基本的には大学を出てから、加行をするのです。加行というのは、言ってみれば僧侶としての作法の基本的なことを習う行ですね。百日以上の行になります。そして一般的にはお水取りにこもって、塔頭住職の資格をもらって……という流れになります。

――それはかなり大変な行なのでしょうか。

守屋　まあ期間が長いので大変ですが、失格になるということはありませんので。ただ、三月堂で十二月十六日の夜中に竪議《りゅうぎ》というのをするんです。今は幸いなことに書いてあるものを見て言えばよいのですが、昔は大変だったものです。東大寺で竪議を受けて、興福寺とか薬師寺の人たちがそれを稽古台にして本番の竪議を自信を持って受けるということもあったようです。今は儀式になっていますが、昔は登竜門ですね。非常に厳しいものだったと思うんです。

――東大寺と言えば天下の判ですものね。

守屋　いいえ、今申し上げたように、興福寺や薬師寺の方が大変だったそうですよ。

――なるほど。それは開山の良弁僧正のあたりからあったシステムだったのでしょうか。

守屋　まあ少なくとも鎌倉、ひょっとしたら平安時代までいくかもしれません。

——住職になってからは、どのように過ごされますか。

守屋　いや、様々な雑用がありますね。部署も初めは大仏殿勤務とか、二月堂詰めとか、そういう形ですが、塔頭住職になると必ずどこかの部署の副主任になります。そしてある程度の年齢になると主任になって、そしてその上の執事になる。まあそういう段階を踏むわけですね。

——東大寺には色々な年中行事がございますが、それは各々の方の担当があるのですか。

守屋　はい。配役というのが必ずあります。当たった場合は先輩に稽古をつけてもらうわけです。

——やはりハイライトはお水取りになるのでしょうか。

守屋　これはもう一回限りでなく、二十回、三十回と続くことになりますからね……。

——東大寺は空海が別当になったことがあるわけですけども。

守屋　そうですね。余談ですが、私はお大師さんからちょうど二百番目の別当なんですよ。上司師が二百一番目。

——明治の頃は、それこそ興福寺などでは五重塔を売ったなどという話もありますが、東大寺ではどうだったのですか。

守屋　いやもう、つぶれかかっていましたから。上司師も、おじいさんにあたる人が京都のお公家さんか何かで、駕篭《かご》に乗ってこの東大寺に弟子入りしたという話がありますね。お公家さんが入るような貧乏寺だったわけです。お公家さんも貧乏で、行くとこないから、お寺でも入っておこうかなというような話ですね。

――正倉院の下で焚き火をしていたなどというのも、その時期の話ですね。
守屋　私の祖母が嫁に来た頃、町に行って、校倉の横を通って帰るとき、よく浮浪者が焚き火をしていたのを見たと聞きました。

上司師のこと

守屋　私の任期の最後の日に、上司師は手術した後で、あの時は引継ぎも出来ないような状態でした。代理でもいいからちょっとやったらという声もあったんですが、それでは本人の負担が大きいと思いましたから……。四月一日から就任して、そして三年間やってもらおうと考えていましたね。
――ご本人はもう病名はわかっておられたんでしょうか。
守屋　わかっていたと思うんですが、性格的に、まあ非常に頑固ですから。
――強靭なかたですからね。
守屋　あの顔立ちを見ればわかりますように、もう絶対そんな病気になんてなるかという性格でしたからね。一時期元気になったので、私達としては一応管長就任の実感というものは持ってもらえたんじゃないかとは思うんです。
――ところで、上司海雲さんは義理のおじさんになるわけですけども。

守屋　はい。奥様の方のおじさんですね。私はもう中学生くらいから、中学生というか寺へ入ってからかわいがってもらって、もうしょっちゅう骨董屋に連れていってもらったりしていました。厳しい反面、非常に磊落、いわば八方破れな人でしたね。永慶さんとは性格的に全然違います。まあ海雲さんは、それこそ志賀直哉とか、絵描きさん（杉本健さん、須田剋太さん等）にしろ写真家（入江泰吉さん）にしろ、随分交際が広い方でしたから。

——肌合いの違った方のようですね。

守屋　それに、永慶さんは学校へ教えに行ってましたから、そういう間のお付き合いがおじさんとは無かったんです。

——東大寺の塔頭住職になって、そのように学校に教えに行くという例は多いものなんですか。

守屋　私も、定時制に教えに行ってました。お礼奉公じゃないですけども、無給です。

——なるほど。それらが一つの東大寺全体のお仕事という考え方なんでしょうね。

守屋　部署の副主任で行くのと、学校で現場で出るのと、同じような感覚ですね。

——管長さんというのは、激務なんですか。

守屋　激務というか、気分的には大変なものです。家にいて、消防車のサイレンが聞こえると、「寺と違うかな」という、そういう気づかいですね。

——私が伺ったのは、この前の千手堂のボヤのとき、上司師が本当にびっくりして、手がわなわなしたっていうお話で。

守屋　私の任期末で残念な事でした。すぐ彼が来てくれました。やっぱり思いは一緒だったでしょうね。「肝は据わっている方のはずやけども」みたいな事を言ってましたが。戦事中の経験があるけれども、平時の火災、しかも寺の本堂ですから、驚きも格別だったと思います。そういうことから考えると、任期満了するということは大変だなと思いますね。

――三年の任期を全うしていただきたかったですね。

守屋　そうですね。一年目はとりあえず行事をこなすということで、二年目三年目が手腕でしょうからね。そういう意味では、本当にやりたいことをやれなかったかもしれません。若い頃は、彼は華厳経の六十巻本ですか、その中の有名な言葉をいろいろメモして、皆に配ったりしていました。学校に教えに行かなかったらもうちょっとそっちの勉強もしたと思うんです。一緒にお水取りに籠もりましても、お昼の行が済むと、夕方はお風呂に入ってちょっと寝られるんですが、彼は生徒達の答案の採点をするために起きているんです。あれに耐えて行をしたんですから、タフな男でした。

――小柄な方でしたが、頑健でしたね。

守屋　そうですね。それに酒もタバコもいけたくちですね。酒もタバコも結局戦時中の動員で覚えたという話でした。普通の者でしたら、たばこを吸わなかったら、それを利用して食糧か何かと換えてと考えるのですが、それをしなかったんです。

――うーん。あくまでもそれを有り難くいただくと。一直線なんですね。

守屋　はい。この寺でも、ぼーっと坊ちゃん育ちで来た人間とは全然違います。

――時々東大寺関係の本に、もちろん管長さんもお書きになりますけれども、もう少し具体的な文章を上司師が書いたものを読んだ事がありますが。

守屋　書いています。昔は生活苦しい中でよく勉強してましたね。私達は世代的にみな苦しい生活をしたんですが、現在塔頭住職二十人ほどいますけれども、先輩でも我々みたいな苦しい生活をした方はいないでしょうね。あのネパールの子どもの面倒をみるという活動なんかには、やっぱり彼が若いときに苦労したことの一つのあらわれがああいう形で出てるんじゃないかと思うんですね。

――守屋長老から見られた上司師というのは、一言で言うと何でしょう。やっぱり「忍耐」でしょうか。

守屋　そうですね。辛抱して頑張ることが彼を作ったのでしょう。やっぱり人の心を理解するためには、様々なことを経験してこそでしょう。

父として

――さて永照さん、どうでしょう。お父さんの事を今改めて考えてみて、一言で言うと。

永照　そうですね、一言ということになると、「我が強い」ということになりますか。とにかく自分が曲がりなりにも出してきた結論といのは、一番正しい。これはもう誰かから言われても、なかなか変えられないところはありました。

――永照さんにはどのように接しておられましたか。

永照　「やさしい」という感じは無かったですね。やはり同業の先輩みたいなものです。子どもの時から、対等に争っている感じがありました。小学生の子どもがそんなに知識を持っているはずもないのに、何かちょっと知らないことを言い出そうとすると、まともに頭から押さえつけるような理屈を言うことがありました。それはもうずっとです。

――なるほどね。そういう意味ではやはり真っ正直なんでしょうね。

永照　そうですね。

――ここは父だから、なんて気は無いんでしょうね。

永照　あんまり無かったですね。ぼくに対してだけだったら、何か意図があるかとも思うんですが、誰に対してもそのようだったと思うんです。子どもであろうと誰であろうと。年を取ってからはそうでもないような部分を見せようとしていたところもあるような気はしましたが。

――ご自宅におられるときは、ものを書いていたり、そういう感じですか。

永照　そうですね。ただ、テレビが好きだったんですよ。映画とか、スポーツが好きでした。格闘技とか。球技だったらラグビーが好きでしたね。誰も聞いてないのに、理屈言いながら見てる（笑）。

――字を書いたり陶芸をやったり、いろんな事をされてますけども。

永照　ええ。ただどういう風に時間を使っていたのか、あまりそんな話もしないですし、見ているようで見ていなかったんですね。陶芸とかも、どんな時間を使ってやっているのかわからなかったですね。

――お庭もきれいにされていましたね。

永照　お金をかけて、人を雇ってではなく、自分で山から採ってきて率先してやっていましたね。

――なるほど。守屋長老と上司永照さんには貴重なお話をいただきまして、たいへんありがとうございました。

東大寺螢

東大寺三役
堀池　春慶
上司　永照

堀池　二十年前、私が最初に東大寺に初めて勤めに来たときに、永慶師が財務部長をされていて、私の父が「永慶さん、永慶さん」と言って親しかったので、私まで「永慶さん、永慶さん」と言ってたら、「『永慶さん』でええけど……」って（笑）。それ以来もう大仏殿の主任、六年間も通して非常に頼りにしていましたね。

永照　堀池さんは父とも趣味が近くて、鯉をよく世話をされたりして、生き物に興味を持たれていて、そこで父と波長があったのか、どこへ行くにもよく連れて行かれましたね。だからぼくも知らない事を、堀池さんはいろいろ知っておられると思うんですけども。

堀池　蛍で言えば、中学生ぐらいの時に入寺されて、ご生家の在所では平家螢しかいなかったそうですね。こっちへ来ると螢が大きいのでびっくりしたとおっしゃっていました。平家螢は藪にこう、いっぱい浮いている。何か時間だとか湿度・気温で一斉に光って火の玉のようになる螢だったんですって。向こうは小さくて群れをなしていて、こちらへ来て源氏螢を見てびっくりして、印象深かったということを聞きました。

——いわゆる「東大寺螢」というのは、源氏螢なんですか。

堀池　そうなんです。「大仏螢」ともいいますけど。僕らは小さいときもう大仏螢という名前で聞いていました。

——絶滅しかかったわけですか。

堀池　まあ、だんだん少なくなってきました。

永照　もう三十年ぐらい前から少なかったんですが、ぽつぽつと六月ぐらいになると出ていました。ところが、今から十数年前かな、ものすごく増えたことがあるんです。持寶院の前でも、多いなあと話した記憶があります。その頃父は執事で、防災工事を一番中心になってやっていましてね、山の方に貯水の大きな千五百トンの水槽を作ったんです。そうしたら工事の汚水が流れてきたのかどうかはわからないですけども、その次の年からパーッといなくなってしまったんです。

堀池　平成二年かな。

永照　その頃でしょう。父が「螢の会」を始めたのは。責任を感じていたんじゃないかと、僕はにらんでるんです。

堀池　螢を採らさないために「まむし注意」とか永慶師が書いていた看板は、僕も昔から見てたね。

永照　それはずっと前、三十年前の話ですよね。そういう気持ちを持っていたけれども、とにかくいなくなったと。螢というのはどういう奴やということを、勉強熱心ですから、調べ直したふしがありますね。そのうちみんな勉強し始めて、ＰＨがどうのこうのと、まあ父が煽って堀池さんたちを引きずり込んだわけです。

堀池　忙しい時期が鯉と一緒なので、困ったこともありましたね。

——何が一緒になるんですか。

堀池　四月後半から鯉が産卵するんです。螢も大体四月ですね。……あの頃永慶師はおそらく、寝る前にいろいろ明日のことを考えられていたんだと思います。お寺の仕事もそうでしたから。朝来たら、あれせいこれせいと指示があるわけです。螢も一緒でした。あれをお前もうしやなあかん、ロープを張らなあかん、ぼちぼちカワニナ必要やな、金要るんやったら言え、という具合でね。最初はポケットマネーでしたね。

——そのカワニナはどこから持ってきたんですか。

堀池　最初、正倉院の大仏池というのがあるんですよ。その下に沢山いるのがわかって。

——寺の中から持ってきたんですね。

永照　もうあっちこっちから（笑）。

堀池　最初はそんな数は必要なかったのかもしれないんですが。

永照　そのうち、どっと持ってくるから、その方が僕はいかんのじゃないかと言ったんです。このごろはカワニナに餌をやってますが。

堀池　やってください（笑）。

――最初は螢を買ってこられたんですか。

堀池　買いました。いろいろ買える人を手分けしてね。その後豊中市役所の下水道部と御縁ができて、見学に行ったんですが、そこで市の職員さんが飼ってるんですよ。そこはこの部屋を四つほど合わせたような大きさで、冷暖房完備。だから水温がいつも一八度ぐらいになっている。カワニナ自体腐っていくのが遅いんです。だけど永慶師は誰もができる方法で、小学生でも飼える方法をやるんだという考えでした。僕らだけ井戸水を使ったり、冷たい水を冷水機で作ったりなどというのは普及にはならんというのが大前提だった。結局一年目は、豊中から幼虫を平家螢五千匹、源氏蛍五千匹といただいて、川に放ったわけです。自分たちではその中から少しずつ飼っていたんですが、僕はすぐ死なせてしまいました。全滅です。まあ永慶師は、別に螢を飼うわけやない、螢を別に増やしたいんやない、これを通して自然ちゅうものを大事にすることを学んで欲しいんや、とおっしゃっていましたね。最後にお会いしたとき、会話できないような状態の時に、僕はもう、すぐに挨拶だけして帰ろうと思っていたんですが、何かおっしゃったんです……すごい大きい声で。「堀池お前呼んでんねん、こっち来い」と言われたようなんですが、よくはわからなかった。きっと螢の事を言われたと思うんです。そんなこともあって、去年も気合を入れて水を撒いたんですが……。去年のお正月も四日の事務所開きの時、管長室来いというので行ったら、お金をパーッと出されたんで断ると、「お前とちゃうわ」（笑）。「蛍の会」の事なんです。永慶師は足らなかったらどんどん私費を出されるんです。それに、その事を毎晩考えているから、僕らがぼちぼちやるかなと思う前に全部指示が出ますからね。何もかも全て従ってました。この人の所へ行け、あの人に相談しろと、本当に人使いが巧みでしたし、おかげでいろんな人と知り合えました。持寶院さんには僕から言えば先々代からの恩恵があって、何でも堀池堀池と言っていただいたのかも知れないですね。まあ本当に螢だけは、最後にもおっしゃったし……何か違うことかなと思ったりしたんですけど、やはり螢の事をおっしゃいましたね。

――最後まで気にかかっていたんでしょう。貴重なお話をありがとうございました。

平成10年1月5日付　朝日新聞奈良版より

教師としての永慶師

（元東大寺学園教頭・理事）
赤井　弘

（青々中学校卒業生）
池澤　徳

――学校教師としての上司永慶像を語っていただきたいと思います。

親しい先生たちの間では、「たんちゃん、たんちゃん」と呼ばれていたのが、今では懐かしいですね。

――どういう意味ですか？

ドイツ製のコンタックスというカメラと、それと背が低かったから、豆タンク。それを一緒にしてタンタックスと最初呼ばれてました。短くして「たんちゃん」。先生方は主として「たんちゃん」でしたね。生徒からは丸坊主が珍しかったからか、「かっちゃん」。

——それは聞いたことがありますね。

そして永慶先生と言ったりね。とても向こう気が強いという印象が、会った当初からありました。最初の一年は担任は持たず、二年目から担任でした。校長も上司先生だったので、どちらか解らないので、先生同士のあいだでは「永慶さん」「たんちゃん」でしたね。

着任したときには、野球部長、監督、コーチを全て兼務。それに加えて、新聞部、園芸部。そして昼間はみっちり授業。晩は夜間の高校授業。昭和二十五年頃でしたから、まだやっと学校が落ち着いてきたぐらいの頃。身体が強いから学校は一日も休まなかった。

野球では、試合の前のノックもどんどんやる。生徒が「もう先生、こんなにやったら疲れる」と言うと「あほ、こんなぐらいでへばるんやったら試合にならん」ってね。自分は野球をやったことないんですよ。野球が好きになったんでしょうね。お寺で合宿させたり、雨天の日は大仏殿の回廊でキャッチボールしたり。今ではそういう学校の雰囲気、考えられませんね。

また、最初に担任したクラスの保護者の天野氏の協力を得て、北アルプスで当時（昭和二十九年）としては珍しい中学生の集団登山を実行して、現在まで学校行事として定着しています。

永慶先生は、いろんな事情がある子どもに積極的に相談に乗って、自分の出来る範囲で一生懸命にやっていましたね。授業料から何からお寺から補助金をひっぱり出しては、奮闘していました。

昭和三十年頃になると、そろそろ戦後の終わりという時代になって、公立学校の中学、高等学校も次第に落ち着きをみせてくるんですね。その中で夜間の金鐘高校の生徒が次第に公立の定時制に吸収され始めて生徒数が非常に少なくなり、存続が難しくなりました。それもあって、新しい高校をつくろうという気運が生まれてきたんです。

　永慶先生はつまり、学校が波に乗って伸びる時期におられたわけです。だから面白かった。永慶先生の性格にも合っていた。学校を新しく作るのはものすごいエネルギーが必要で、後ろを振り向かず、前向きでなければならない。だから永慶先生の教員生活は最高に恵まれた時代だった。自分の青春をぶつけた時代だと、いろんなところに書いている。学校として一番いい時期に勤めて、いい時期にやめた。その後高校は大学紛争に巻き込まれたが、その直前にやめたんです。

　後ろを振り返らずに改革していく、自分の後ろに道が出来てくる、自分の思うことを進んでいくという考え方。一直線に進みますからね。ちょうど学校が油が乗りきったときに、教員をやっていたというわけです。教員として一番おもしろい、一番やりがいのある、そしてそれに答える学年を三つ持ったんです。高校では近畿地方のテストなどなど、全部データを取りました。中学校時代の成績で、だれがどこへ行ったという見当がついている。そして大学進学を決めていく。彼はデータを集め、そして父兄や生徒にもどんどん言う。こういう方向でやっていく、書類も全部残している。高等学校を新設しようといっても、普通は高校があって中学をつくる。うちは中学があって高校を作るというが高校の実績はない。そうなるともう学校を信用してもらうしかない。だから、学年をリードする生徒が実績のある他の高校へ進学するようになったら、今までの中学校の実績までも無にすることになる。それを止めなければいけないということで、二人で、彼が資料を持って、保護者会を度々開いて奮闘した。みんなの協力を得て、全員新設高校に進学決定。これで東大寺学園の高等学校の第一段階の基礎ができた。永慶先生が学年全体をまとめていくという方向でやっていたのが、一応の成功の基盤を作った。学校は時代の流れに乗ったところもあるし、生徒と保護者と先生方が一丸となったということが今を作ったと言えますね。身体に自信を持って一途に前進した上司先生の、あまりにも早い死が惜しまれます。

——生徒から見た先生はいかがでしたか。

身体のわりに声が朗々と優しい声をしているのが印象的でした。古文と漢文を教わりましたが、授業の前に必ず漢字のテストをする。毎時間二十字です。僕はあのテストのおかげで、漢字そのものは会社で一番よく知っている（笑）。あのテストのおかげですよ。

永慶先生は子どもにやさしかった。たとえば野球でも、ノックをしたりするが、決してひっぱたいたりしない。生徒の意見も良く聞いてくれました。授業中でもすぐ生徒にやさしい声をかけるんです。福祉関係をなさる基本的な性格はそこにあるんじゃないか。手を出したりすることはなかったですね。いいところが目立つ人だった。そういうところがありました。

篤志面接委員として

（奈良少年刑務所法務教官）
松谷　広照

（奈良少年刑務所法務事務官）
喜多　久子

（篤志面接委員）
佐藤　四郎

――永慶師が少年刑務所の篤志面接委員をされたというのはどれくらい前のことですか。

もうかれこれ三十五年ほど前のことになりますね。少年刑務所の子ども達が、釈放前にいろんな施設などに奉仕に出ているわけです。少年刑務所の子ども達にもいい転機になるように、肢体不自由の子ども達に接することによって、五体満足でもこういうふうなことになってしまった自分たちを省みるということをやらせたかったようですね。肢体不自由児たちが食事をこぼして相当汚していたのをこすりとったりすることから始めさせたようです。

――篤志面接委員というのは、たとえば民間の学識経験者などにお願いするのでしょうか。

はい。それぞれが自分の技量、分野を生かして、ということですね。美術の先生、英会話の先生などもおられます。上司先生も全受刑者に対して年一回は講演などをしたり、それから釈前（釈放前）教育をやっていただきました。月一回、新入教育と釈前教育をいっしょに各々四、五十分。当然無報酬です。教誨師と篤志面接委員とはどう違うのかといいますと、教誨師の方は、宗教の本山などから推薦を受けている。篤志面接委員は推薦ではなくて、御本人との直接の関係です。

上司先生は、インドの方にご旅行された時の、宗教的な体験などをよく話されていました。色々な面でご造詣が深かったですからね。旅の話が入ったり、大仏螢のことを話したり。

——ご自宅にある大きな木の箱が、蛍のための箱なんですよね。

刑務所の職業訓練で木工科があるので、木製の水槽を注文して造らせておられました。

——生きた教育ですね。自然のためにも世の中のためにも。自分の技術が生きるわけですからね。

そういうところから、命の尊さなど、現在一番忘れられているようなことをよくお説きになっていらっしゃいましたね。生徒は一生懸命聞いてますね。その後感想文などもよく書いていました。やっぱり力のある先生ですよね。ただ、管長さんになったから大変だったと思います。あっちもこっちも面倒を見なければならない。

平成三年には管内の篤志面接委員の研究会がありましたが、篤志面接委員の後援団体などは当時全くありませんでした。資金集めに困りまして、上司先生が南都銀行さんなどに直接頼んで、よっしゃと引き受けていただいたというわけです。要するに奈良の財界ということです。それをきっかけに、奈良市内のロータリークラブ、奈良交通などに、東大寺学園の前身である青々中学で教鞭を執っておられた当時の教え子がいまして、それらの方々によって奈良少年刑務所篤志面接委員協議会後援会が発足したのです。後援会があるところは、全国でもごく僅かだと思います。上司先生のご尽力によって奈良県を代表する企業が名前を連ねているところが、先生ならではでしょう。篤志面接委員というのは、教誨師ほどには世間に知られていません。後援会活動によって理解者が出てきたということで、何か光が射してきたとでも言いましょうか、嬉しく思っております。

――そういうことをシステム化していくという能力が、永慶師独特のものでしょうね。

そうですね。後援会も、もう十年近くなります。後援会の総会は刑務所でやるんですが、昼にかかるんですよ。普通の食事は食べ慣れている、だから受刑者と同じものを食べようと。上司さんのお考えで実行されました。

他の施設の篤志面接委員協議会でやってなかったことでは、研修旅行があります。篤志面接委員と奥様（家族）同伴で行うのですが、これは篤志面接委員の活動を家族に認識してもらい、また事務局の職員も同行するので、家族の方とも顔見知りになることでその後の事務連絡もスムーズになるという先生のお考えからです。部屋も夫婦単位ではなく、男性女性で分けて宿泊するんです。親睦をはかるというのは、そういうことだと。先生がお亡くなりになるまで続きました。奈良の少年刑務所が行くようになったので、たとえば佐賀、帯広などもこちらに来られるようになりました。ご夫婦で来てはいないんですが、先生のしておられることを「いいことだ」といって他から研修に来られるようになったんです。これからもまた、遺志を継いでやりたいと思いますが。

——二十二人のうち十人以上の参加がなければ取りやめにしようというお考えだったようですね。

参加者皆上司先生親衛隊といったムードで。そういう場での先生はものすごい賑やかな、明るい方でしたね。

大変だったのは、訪問先の少年刑務所や、来所された篤志面接委員の方々に対して揮毫を、全員に用意されるんですね。忘年会などでも必ず翌年の干支《えと》にちなんだ色紙をいただいて。退職する人には、肉筆の般若心経をいただきました。新年の挨拶に来て下さるときなどは、自分で作られたお茶碗とお饅頭と持って来ていただいて。施設長とかが来られたら、東大寺の管長さんの手作りのお茶碗ですと言って出せるんですよね。ありがたかったです。

後援会を作るときに先生がよくおっしゃったのは「社会に風穴を開ける」。受刑者に対しての受け入れ態勢を知ってもらうということ。研修旅行に関しては、家族に篤志面接委員の仕事を知ってもらうということ。これも風穴を開けるということですね。

——もう少しお元気だったら、後援会活動ももっと全国に広がったでしょうにね。

最後に見舞いに行ったとき、六月に大阪矯正管区管内篤志面接委員協議会研修大会をひかえていたんですが、会長の挨拶の原稿を作っておられました。長居はいけないと失礼したんですが、非常に熱をこめて大会のことをお話ししておられました。ずいぶんそのことを気にしておられたようです。その当日に亡くなられたんです。大会で、急遽全員で黙祷し、大会終了後、奈良少年刑務所の篤志面接委員と事務局職員とで最後のお別れに参りました。つくづく、社会のために御尽力された御生涯だったと思います。

「ほんなら、やってもらいましょか」――上司永慶先生に励まされて

（奈良教育大学教授）
田渕　五十生

上司先生とご一緒させて戴いた時間は非常に短い。けれども、私にとって先生との出会いは強烈で、魂の師として心に長く生き続けるだろう。

先生のお人柄に接する機会がいくつかあった。その一つが、韓国の学生に示された相手を慮《おもんぱか》る優しさである。一昨年の夏休み、韓国嶺南大学の学生を十数人連れて東大寺を訪問した。先生は、多忙にも関わらず彼らを大仏殿の台座に上げて、華厳宗と韓国仏教の関係について縷々説明してくださった。そして、自筆の「般若心経」の印刷物を一人ひとりに土産として持たせてくれたのである。引率した私は、先生のご配慮に恐縮するばかりであった。「研修旅行のハイライトは東大寺参詣であった」と多くの学生がさよならパーティで述懐していた。それほどの心遣いをされる人であった。

全国の篤志面接委員が集まる奈良大会を成功させようという先生の決意はなみなみならぬものであった。荒井敦子先生の記念講演に深い感銘を受けたが、その人選も講師依頼も上司先生がされた

のである。先生の周到な準備や人脈が大会を成功させたのである。

平成十二年十二月、「奈良から誰が実践報告するか」という話し合いが持たれた。固辞する委員も多く、人選は難航した。経験が浅いからと躊躇していたが、「ほんなら、田渕さん、やってもらいましょか」という先生の一言でけりがつき、私が発表することになった。先生の笑顔に励まされ背中を押されたのである。先生が笑うと、細めた目と眉がクレッシェンドとディクレッシェンドの形（＜＞）になり、つい安心感を抱いてしまうのである。

発表内容は、「やり直しはきかないんだよな、人生は――けれども見直しはできるんじゃないのかな――」という趣旨であり、受刑者が自分たちの過去を客観視する対話時間の講話を、全員がそうであったように、私も「弔い合戦」の心算で発表させていただいた。大会準備に奔走し、その当日逝かれた先生の無念を心に刻みながら――。

良弁や空海に連なる東大寺別当。その第二百十五世別当、上司永慶大僧正が最も心を砕かれたのが、受刑者の更正事業であった。壮大な伽藍の再建ではなく、受刑者の魂の再建に先生は命を賭けたのである。「誰のために、何に命を使うのか？」、それが「使命」である。更正を誓って償いの日々を送る受刑者に寄り添い、彼らに仏の慈悲を伝えることに先生は命を使ったのである。

健康な人には医者は要らない。病人に医者が必要であるように、道に迷い心を病む人のために宗教も存在している。そのような宗教家としての原点を歩まれた先生の具体的な生き方を通して、私は仏教が何であるかを学ぶことができた。もし釈迦がこの世に生きていれば、荘厳な寺院の中ではなく、暑さや寒さが体にこたえる刑務所の中で説法をしているに違いない。さまざまな経緯から、私は父親の愛に恵まれなかったが、慈父のような上司先生から大きな薫陶を受けることができた。

私も煩悩の虜《とりこ》である。人間に対する不信感と信頼感が常に交差している。「学生なんか信じられるものか——しょせん他人の子よ」という思いと、「学生って素晴らしいな。いい経験を与えれば、必ず応えてくれる」という思いである。残念ながら毎日その迷いの連続である。けれども、徒労感や自己不信に陥ったとき、心に浮かんでくるのがあの破顔一笑の上司先生である。「ほんなら、田渕さん、やってもらいましょか」、あの時の言葉が、今は「信頼感に賭けてみましょう」という、人生への励ましの言葉として響いている。

ご冥護を何卒よろしく

田中　真瑞
（青々中学校卒業生・篤志面接委員）

四十数年前、私が青々中学校に入学したとき、上司先生は国語の教師をしておられました。そして我々の学年の担任のお一人でした。当時は一学年二組で、組替えは毎年あり、その上同じ二人の先生が三年間担任となるので、ほとんどの生徒が、一回はどちらかの先生の担任となりました。残念ながら私は御縁がなかったのか、上司先生の担任には一回も当たりませんでしたが、全校生でも六組二百七十人程ですから、ほとんどの先生は生徒の名前を知っておられ、上司先生にも担任のように御指導いただきました。

先生は体は小さいながらスポーツ万能、抜群に俊敏で、カッチャンと呼ばれて親しまれていました。先生の授業で思い出されるのは、なんといっても国語の授業の度に最初に行われる漢字テストです。百字程のテストですが、終わると同時に隣の生徒と答案を交換して採点しますので、勉強せざるを得ません。私はこれが嫌ですっかり国語嫌いにはなりましたが、おかげで人並みに漢字が読み書きできるようになり、今となっては大変有難いことだったと感謝しています。

卒業後我々の学年は何故か一回も同窓会を開きませんでしたので、先生との御縁も途絶えていましたが、平成七年に三十五年ぶりに盛大に開催することができ、以来先生との御縁も復活しました。

特に平成八年は当方の寺信貴山で、全国の真言宗教誨師大会が開催され、事務局より地元刑務所所長さんの祝辞の交渉を依頼されましたので、早速上司先生にお願いに赴きました。すると先生は、すぐさま電話をかけられ、「こういう話は早いほうが良い」と言って、その足で刑務所にも同行していただき、万事うまくいって大変有難く感謝したことがありました。ちなみに、この大会の記念講演は内観の勉強ということで、三木善彦先生にお願いし、大好評を得ました。

この大会が御縁となり、先生から「君も篤志面接委員をやってすこし勉強したら」と声をかけていただき、とても自信はなかったのですが、引き受けさせてもらうことにしました。

爾来昔の如く、何かと御指導を賜る幸運に恵まれましたが、中でも強く印象に残っているのは、昨年秋行われた東北への視察、親睦旅行でした。春の大手術後のお身体にもかかわらず、先頭をきって足取りもしっかりと歩かれているお姿は、すっかり回復されたご様子で、皆も大いに安心したものでした。旅館では奥様ご同伴にもかかわらず、男性女性それぞれに部屋割りをされ、「私の旅行では必ずこのようにしているのだよ、この方が本当の親睦になるからね」と、人間関係の極意を教わった感がありました。最終日の八甲田ホテルでは、先生と同室という栄に恵まれ、ベッドに入ってからも中学時代から現在に至るまで、いろいろとお話をしていただき、今も深く心に残っています。本当に有難い旅行でした。

今後も何かと御指導賜りたいと念じておりましたのに、誠に残念でなりません。しかし「いつまでも俺に甘えるなよ」と言われたような気がしています。これからは、先生の御教えをしっかりと抱いて、精進していきたいと存じます。いついつまでも佛天からのご冥護を、何卒よろしくお願いします。

玄奘三蔵の路を旅して——座談会

宝来　茂

田中　喬三

石川　昌子

筒井　正夫

筒井　温子

中島　善昭

上田　靖子

インドに最初に行ったのは、昭和五十七年だったでしょうか。三十二、三人で行きました。二回目は六十一年一月に二週間ほどです。一回目の旅を終えて奈良へ無事に帰ってきたのが一月二十七日。それを記念日にして、メンバーは毎年会うことにしていました。

第一回の仏蹟探訪の旅の時には、ルンビニーへ行きました。お釈迦さまのお母さんが子どもを産むために里帰りする途中に、無憂樹の花が咲いていて、ちょっと触ろうとしたときに、右の脇腹からお釈迦さまが生まれたという伝説が残っている所です。ということは、そのあたりには無憂樹がきれいに咲いていたに違いない。しかし二千五百年たつうちに、当然ずいぶん荒廃してしまったわけです。永慶師はそこに無憂樹の林を作ろうということで、植えに行ったのです。

インドに住んでおられる永慶師の知り合いの前田先生にお願いして、旅行の案内をしてもらうことになったのですが、前田先生がスリランカから無憂樹の木を苦労して持ってこられました。それを、ルンビニの摩耶堂の裏に植えたのです。

植えて十年ほど経ったら花が咲く、だからもう一度必ず来ましょうと皆で誓いました。ルンビニにある寺院ののビンマラナンダーという住職さんが、毎日水をあげて下さいました。そのおかげで、十年ぐらい経ったとき、花が咲いたという連絡がありました。

そこで、ツアーを組んで再びルンビニへ赴きました。一輪の無憂樹の花を写真に撮って、帰ってきました。それは絵はがきにして、皆に配りました。この事は朝日新聞にも記事として掲載されました。

永慶師は帰ってきたとき、うれしそうな顔をして、「そやな、あれまた十年たったら、ちゃんとやりかえなあかんな」とおっしゃいました。無憂樹のまわりに石の柱で玉垣を作ろうと考えていたようです。本当に長い時間をかけて、本気で考えておられました。

そういうわけで、無憂樹を植えて、無憂樹を育てる会をつくろうということで、「無憂会」という名前の会を毎年続け、いまだに続いているというわけです。

あの年、十七回目の無憂会を開こうという時、永慶師が突然欠席するということで、皆びっくりしたわけです。

永慶師の旅行は、とにもかくにも、仏蹟を巡回するという目的のもとに行っていました。三蔵法師の歩いた道をずっと行くことに徹していました。そんな中で、お抹茶を点てて下さるのです。祇園精舎でもいただきました。汽車の中でも、ホテルの中でもいただいたことがあります。

ともかく、背広来てさっと行って、さっと帰ってくるというような旅行ではないんです。たとえばホテルに七時に着くという予定でもしばしば遅れるものですが、ホテルの方ではもう来ないと思って勝手に他の外国の人を入れたりしているんです。前田先生などは大変怒って、ロビーで寝ると言ってみたり。結局他のホテルを紹介してもらったら、よっぽど大きくていいホテルだったというようなこともありました。

とにかく、毎日何くれとなく起こるトラブルに、永慶師は決して怒ったり、叱ったり、頭ごなしに怒鳴るということはありませんでした。「あんた、そんなこと言うてたらあかんで」とニコニコしてね。上手に諭すんですよ。しかし、仏門に入っている人に対しては厳しい。得度をして黒い衣を着たら、直接の弟子でなくても、永慶師は大先輩だから、師匠と弟子の関係になります。得度をしていない人とは、田中さん、永慶さんと呼びあっていましたが、もし得度していたら、気楽には話せないよとおっしゃっていました。一対一の時はきびしい。皆といるとそうではないんです。何かミスをすると、お弟子さんには尋常ではなくカッとして怒られましたが、その後はけろっとしています。いつまでも引きずるということは全くありませんでした。

そのほか、陶芸については、永慶師はいくら酒を飲んでいても土をさわらないと寝られないと言っておられたのが印象的です。できるたびに有難く頂戴していました。野球のお話などをされながら、陶器をじっと見つめておられましたね。プロ野球の近鉄バファローズの話がよく出ましたね。地元ですから。永慶師は結構な近鉄ファンでした。陶芸しながらラジオで野球を聴いたりされていたようです。東大寺の事務所に近鉄が負けたときに電話すると、大変機嫌が悪かったものですよ(笑)。

若い頃は登山もよくされたようです。学校の生徒を連れて穂高などへ度々遠征されたようです。山の話もよく出ました。何にしても、説明するより自分でどんどんやるほうがいいという方でした。ともかく、わからない人には、何を話してもしょうがないという感じを持っていたようです。どんどん一人で、あっという間にこの世を駆け抜けて行かれました。

ネパール孤児里親運動と永慶師

山本　美登一

"Have you plan to visit NEPAL? Please do not try to come now because of the condition of NEPAL is not so good. You are always in my mind"

二〇〇二年新春の挨拶にこんな便りがネパールの里子からあった。里親となるのを世話していただいた永慶師は逝去されて今はなく、共々訪れてあげたい気持ちはいっぱいだが、便りにもあったようにネパールの情勢は芳しくなく、里子も来て欲しい気持ちの中を「今来ないでください」と書いている心中を思うと、永慶師がおられたら「可哀想に！　何としても行ってやりたいものだ」と言われたに違いない。私の里子も今はもう孤児院を離れ、独立して仕事をしているらしいが、永慶師にすすめられて里親になってもう何年になるだろうか。

昭和五十七年一月に、永慶師に従ってインド仏蹟巡拝の旅でルンビニーに植樹した無憂樹——その花が開花したという朗報に、平成五年急遽訪問した旅の途上立ち寄った「ラリット福祉センター・スクール」（無料小学校）で初めてネパールの孤児のことを知り、かつて奈良の一条高校へ留学しておられた案内のダルマ・ラトナ・シルカパール氏がネパールの孤児の実情を熱っぽく語られた。深く同情されていた永慶師の奥様が、帰国後にダルマ氏から大坂の槙本昭彦氏が団長となってNGO「ネパールの子供を育てる会」を発足された事を聞き、永慶師の諾のお声と共に最初に入会されたのがネパール孤児里親運動の始まりである。その後しばらくしてネパール孤児救済運動の一環として里親里子制度が確立し、永慶師のお薦めでそれぞれ参加させていただいたのである。

永慶師が常々おっしゃっていた釈尊最後の遺訓の一語「知足」（足ることを知る）、を実践するためにも、微力ながらお役に立てばと思った次第で、他の里親の方々も同感だろうと思っている。

平成七年一月十八日、阪神大震災の翌日、「第一回　里親のつどい華の旅」の一行は、奇跡的に関西国際空港よりカトマンドゥへ飛び立った。到着後、永慶師がかねてより通知しておられたので、孤児院の先生方から孤児たちまでの大歓迎に圧倒された。よくぞ来たものだと永慶氏らと話し合ったものである。孤児院は昔の王宮をそのまま使っており、天井には凄いシャンデリアがぶら下がっていた。ここはネパール最大の孤児院らしい。しかし走り回っている孤児たちは、皆裸足だった。

一生懸命練習したのだろう、孤児たちの合唱する日本の童謡や踊りに感動した。「そうか、そうか」と満面笑顔で向かわれている永慶師。そして振る舞われたお土産の数々。文房具ありサッカーボールあり、孤児たちそれぞれに渡されている永慶師の満足そうなお顔は今も忘れられない。

年長組の孤児たちの作ってくれた歓送パーティーの御馳走は、郷土色横溢の料理だった。インディカ米の御飯、カレーのようなスープ、黒っぽいフライ。我々の口にはとても合わないようなもので、永慶師とも顔を見合わせて一瞬躊躇。院長以下先生の前なので、持っている皿に孤児たちが入れようとしてくれるのを断るわけにもいかず、苦笑いしながら飲み込んだものだった。帰国の際の空港で、永慶師が下腹の辺りを指さされて笑い合ったのも、今では懐かしい思い出となった。

東大寺の繁忙な執務の中で始終ネパールの孤児のことを気にかけておられた永慶師は、約束通り第二回の孤児訪問の旅を平成十年三月に実施された。孤児院では待ち構えて一同総出の大歓迎。子供の歌、踊り、そして日本の童謡。永慶師からは日本より持参した多くのプレゼント。楽しみなど何もない、お父さんもお母さんもいない子供たち。字の読める子へは手紙をできるだけ出してあげねばと思った。永慶師、奥様、そして里親の皆さんはそれぞれに手に手を取って里子との別れを惜しまれていた。永慶師のこの限りないネパール孤児への愛情は、孤児たちとともに、われわれ里親をも永遠に包み輝くことだろうと思う。

永慶師と奥様が次々とお声をかけられ作られた四十人以上もの里親の方々。これからも変わらずに永慶師のお心を継いで頑張ろうではありませんか。

握りたる両手をつたうネパールの孤児の穏しき血のぬくみはも

「ネパール孤児」の里親へのお誘い

上司　永慶

　ネパール王国はご承知の如く、ヒマラヤ山麓に広がる中国と印度両大国に挟まれた内陸国家です。人口は約二千万人で、平地が少なく、皆肩を寄せ合うように生活しています。資源が乏しい点では日本と共通していますが、内陸地のため交易にも不便で、生活程度はあまり進んでいません。

　仏陀釈尊は八十年の生涯の大半を印度で過ごされましたが、ご生誕の地はネパール領タライ盆地のルンビニー苑だということをご存知でしょうか。


　このたびＮＧＯ（民間海外援助団体）の活動のひとつとして「ネパールの子供を育てる会」が発足し、その活動の一環としてネパールの孤児を援助するための里親・里子制度をととのえ、皆様の協力を待っておられます。この制度は全く任意の善意に基づく協力制度です。

　日本は幸い、昭和二十年を契機に平和国家として産業や交易に励んだ結果、今日の繁栄を築いて参りました。しかし最近、国際関係が微妙にからみ合い、互いに協力し合わねば国際社会での存在さえ問われる時代となりました。

私達日本人は今、豊かな生活を享受しています。しかし世界的視野で見るとこれでよいのかと考えざるを得ません。釈尊の最後の遺訓に、「精進」（つとめはげむ）「知足」（たることをしる）がありますが、これを実践するためにも「知足」に立脚して余力あれば隣人や世界の人々の幸福に寄与すべきだと思います。

しかし、善き行為も一時的ではかえって失望を招くことは皆様もご承知のことと存じます。幸い里親・里子制度は、肩を寄せあう親がなく、自分の力だけでは生きてゆけない孤児が自立するまで継続的に援助する制度です。里子基金も、標準的日本人の収入から考えて、決して無理な金額ではありません。

ＮＧＯ活動としてネパールには多くの日本の民間善意団体が援助の手をさしのべています。里親・里子制度はその中でも最も具体的で親近感が生まれ、継続して協力していただける制度ではないかと思います。もちろんそのために両国の交流や仲介の役を引き受けていただく両国の役員の方々の苦労は大変なことと存じます。

釈尊生誕の国ネパールの子供達、とりわけ身寄りのない孤児達の健やかな成長を願って同志の方々が一人でも多く集まって協力の輪を広げていただきたく、お誘い方々お願い申し上げます。

合掌

晋山式、そして東大寺本山葬への旅

浦上　義昭

晋山式への旅

　五月初め、奈良東大寺より上司永慶大僧正の晋山式（僧侶が新たに寺の住職となる式）の招待状が届いた。聖武天皇勅願で天平時代に創建され、昨年末世界遺産に登録された東大寺の晋山式に私も列席の栄に浴せる幸せに、その晩はワインで乾杯。スケジュールを調整して五月二十七・二十八日奈良行きを決定。

　待ちに待った式当日、輿に乗った上司管長が本坊を出発。大仏殿までの路の内側にはお祝いの「幡」がはためき、おおぜいの人々が見守る中、式僧が中門まで出迎え、師は大仏殿へ。いよいよ第二百十五世東大寺別当晋山式法要の開始。惣礼、散華、読経と式は続く。大切な式の持つ厳粛さだろうか、大仏様のお顔がブロンズの像からスーッと仏様そのものに感じられ、この感動を共有できる幸せをかみしめた。

　式後、大仏殿脇の中庭で披露宴となる。新住職挨拶の後、南都隣山を代表して薬師寺管長を最初に、奈良県知事・奈良市長・信徒代表の挨拶、それから人間国宝大蔵流家元らにより「真奪《しんばい》」狂言が披露され、その後祝宴となる。料理は大阪「吉兆」、記念品は、萩焼の大仏茶碗。師みずから碗の内側に「大」の字を描いた天下の銘品。

上司師が今まで歴代の名僧の中でも更に優れた業績を残せる方と確信しつつ、新緑けむる古都奈良をあとに帰岡の途についた。

（平成十一年六月、長岡新聞掲載）

東大寺本山葬への旅

華厳宗管長・東大寺第二百十五世別当、上司永慶師と私が初めて会ったのは、かれこれ二十年近くも前になる。

当時の私は三十歳を少し過ぎ、日本美術院院友になったばかりの頃で、天平仏の傑作と言われる東大寺・戒壇院の四天王を是が非でも写生したいと思い立ち、東大寺に電話すると「ほなら、申請書を出しなはれ」と色良い返事。これは、許可して頂けるものと勝手に信じ、返事は三日後に直接伺うのでいらないと申請書と共に書き送り、当日東大寺本坊に入る。応対に出た事務方は「あの手紙の方ですか？　困りましたな。実は国宝は文化庁のきついお達しが有り、許可出来まへんのや」との事。——てっきり大仏様の写生と思ったのだろう。あのでっかい仏なら写生しても人の邪魔にもならず減りもしない。せっかく越後くんだりから汗をかいてきたのだからと粘り強く交渉。結局、事務方では手に負えず奥から現れた僧侶が、当時庶務部長の職にあった上司師であった。本来許可出来ないのだけれど、二、三日検討するからとの事で連絡先を教えて本坊を後にし、この先どうして時間を潰そうかと広い東大寺の境内をとぼとぼ歩く。日も暮れてきて、鹿の鳴き声が遠くから聞こえ、なんともじめーっとしたムード。

南大門を出ようとしたら、すれ違った人から声をかけられ「さっきの方でしょ、本坊で呼んでいます」とのこと。早速かけつけると、上司師いわく、「若い人を助け、育てるのも仏の道。明日まる一日写生を許可する」との言。一瞬お姿に後光が射した。

朝一番に行くと、東大寺の腕章を戴き、一日中寺の方がつきっきりでそばにいて、昼食まで御馳走になった。法にてらして大局に立ち、大きな社会の要請を理解して、広く世のために尽くそうという聖武天皇・光明皇后以来続く東大寺の面目躍如である。権限のある人の判断力と、それを実行するために負う自己の負担をきちんと果たすいさぎよさに、つくづく人の上に立つ人はこうあるべきだと、以後の自分の行動の指針とさせていただいている。

これがご縁の初めでお付き合いが始まり、小生の『佛を描く』（新潟日報事業社刊）や計三冊の本の序文を書いて戴いた。

平成七年に「仏教伝来の路・天山河西回廊の旅」に誘われ、一緒に十二日間の旅をした。

玄奘三蔵ゆかりの「高昌故城」や真身仏指骨のある「法門寺」、東大寺のルーツである西安郊外「華厳寺」などの旅の途中、丸一日乗った汽車の中で、師自ら作った茶碗にたてて戴いた抹茶の味は、正に甘露の如くで、ほっとした瞬間であった。

続いて平成九年に、「華厳の故郷を訪ねて――シルクロード・タリム盆地縦断と西域南道・天山南路の旅」に誘われ十五日間を共に過ごした。中国最深部の街カシュガルに二日をかけた空の旅、その後砂煙をあげてバスはひた走り、四日目にしてあこがれの四世紀に華厳経が発生したというホータン・ヨートカン遺跡に立つ。

上司師の朗々とした「般若心経」と「如心偈」の読経が私達と集まった村人の間を抜けて、シルクロードの大地に吸い込まれていく。

日本を出て八日目、今晩は中秋の観月と洒落込む。

クズガハラ灯台——これは海に面したいわゆる灯台ではなく、果てしなく続く砂漠に点々と漢代に築かれた烽火台——に行く。何の娯楽も無いせいも有り、酒を飲み師も含め皆で盆踊りよろしく、塔の周りを輪になりやけくそ気味に踊る。変な日本人の集団。

旅の半ば民豊《ニヤ》の宿で、小生がはるばる日本よりずっと担いで来た越後の地酒四合瓶を皆で分け合い、遠い砂漠の地で呑む一杯の日本酒の味に感動した。

その後大慈恩寺・草堂寺など西安の古刹を参拝したのも楽しい思い出になっている。

帰国後も、新潟日報事業社「キャレル」創刊記念行事の一つとして「古都の旅」に数十名を連れて東大寺を訪れ、上司師より大仏殿前にて涼風の中、貴重な法話を賜り、一般には開放していない大仏座連弁の天平仏を見せて戴いた事も貴重な体験であった。

年に何回も東大寺を訪れ、師にお会いできるのが当たり前と思っている日が続いていたが、少し訪問の間があき、小生の新潟三越デパートでの個展が終わったらお邪魔しようと思いつつ個展の行事をこなしていると、自宅に奥様より電話があり、「浦上さんにはお知らせしておいたほうが良いと思いまして、実は主人の体が思わしくない……」との、かなり厳しい内容にびっくりし、何はともあれ「お上」の一大事とばかりスケジュールをやりくりして個展は妻に任せ、夜行に乗り朝、奈良の病院に入る。酸素マスクを付け、普段はなかった白いあごひげをたくわえた師は、前回お会いしたときのあの頑健で力強さを感じさせるイメージとは打って変わって、別人のように痩せて居られた。手を握って、言葉をかける。僅かに「うっ」と返事をされるが、眠るように目を閉じてしまう。またお見舞いに来ようと思いつつ、これが今生の別れかなとも考えてしまう。

玄関から出ると、空も草も悲しんでいるようで、何を見ても紗がかかっている様で体が重い。

それから二日後の六月二十一日辰の刻、華厳宗管長　第二百十五世東大寺別当大僧正、上司永慶大和尚は御遷化された。

二十三日、自坊の東大寺持寶院でお通夜――翌二十四日告別式が執り行われる。師の広い交際範囲とお人柄のせいか、参列者は千人以上と言われている。

七月十四日、東大寺本坊にて「本山葬」が執り行われる。

東大寺は八宗兼学の官大寺としての性格上、普通のお寺のように葬式はやらない様で、弘法大師以来の因縁からか（空海は一時期東大寺別当に就任していたことがあった）真言宗管長、和田猊下はじめ高野山金剛峰寺の式僧により葬儀が執り行われる。

東大寺執事長、森本公誠葬儀委員長による挨拶の後、最初に南都隣山会を代表して薬師寺松窪猊下の弔辞、続いて華厳宗末寺協会代表、法務大臣、奈良県知事の弔辞が披露される。

その内容は、師が東大寺の庶務部長・執事長・南大門仁王像修理勧進事務局長や、大仏殿主任として大いに力を尽くされたことをはじめ、中国華厳寺の復興や、ネパール里親運動など世界的貢献、東大寺福祉事業団理事長、少年刑務所福祉面接委員や同協会会長として、世のため社会福祉に貢献したこと、自然を愛し草花を育て大仏螢の育成など、環境問題にも深い理解を示されたことなど「華厳の心」の業績が語られる。

上司師が身をもって実践された貴重な教えが、人々に深く永遠に伝幡していくことを信じ、また、今は幽明、界を異にしたが、毘盧遮那仏の元「香海」でいつか語り合えることを念じ、師への追悼の文とさせていただく。

祈りとともに

飯田　むつみ
（上司永慶師長女）

平成十二年五月、持寶院の庭では色とりどりの花が咲き、生きとし生けるもののエネルギーで満ち溢れるようでした。それからひと月、丁寧に愛情を込めこの庭を慈しんだ父は、再びこの庭を見ることなく仏の世界へと帰っていきました。


「父さん、自信とちごて確信もってやってきたんや。今もな、自信はないけど確信はある」

「自信と確信の違いって、何やろな」

「確信っていうのはな、仏さんが支えてくれてはんねん。拠り所があんねん。父さんはな、人間だけの力ではできへんことある、て思てるよ」

「人間だけの力ではできないこと」、それが人を信仰に向かわせるのか、信仰があるからそう思うのか、私にはわかりません。でも十四歳で親元を離れ、永晋の弟子となり五十七年間、東大寺という寺で過ごした父の人生は、「仏さんが支えてくれてはる」その思いを宗教者として実現していくことであったのではないかと思うのです。それは、仏の道を求め、何事にも正面から向き合い取り組み、誠実に生きた父の姿そのものかもしれない……とも。

父が幼い私を抱いて寝かしつける時、歌ってくれた歌は、お経の節に「むっちゃんよい子だねんねしなー、ねんねんねんねんねんねんよー」と、その時々の思いを即席で歌詞にして入れたものでした。（それは二人の弟たちや私の子どもにも同じように）もの心ついた頃から本堂で父の横に座り、「まあかあはんにゃーはらみたー」と、意味もわからず真似をして唱えたものです。カブ（単車）の前に座れるようになるとよく学校へ連れていかれて、花に水をやっている父の後ろをついてまわりました。事務室のちょっと暗いような傘のついた白熱電球。いつもやさしい事務のおばさん。広い職員室へ行くと先生方が「むっちゃん、むっちゃん」と声をかけて下さいます。階段を登り切ったところにある新聞部の部室。そこに置いてあったガリ版。たくさんの場面が今もなお、父の思い出とともに心の中に存在しています。修二会の時には二月堂の参籠宿所へ弟たちと訪ね、小学生になると練行衆の声明をしんしんと冷える局から父の姿を追いながら聴いていました。祈りの中にいる父の真剣な顔に、行の厳しさと選ばれし僧の誇りのようなものを感じました。

小学六年生の時です。ふと尋ねたことがありました。どういう問いかけだったか具体的には覚えていませんが、たぶん「東大寺の教えとはどんなことなのか」だったと思います。

「生きている時に良いことをしたり、立派な行いをした人は天国に行けて、悪いことをした人は地獄へ落ちると言われる。むつみもそれがあたりまえだと思うだろう。でも悪いことをした人でも天国へ行く、そういう人も仏さんは救ってくださるというのが東大寺の考え方だよ」

六年生の私に理解しやすいように簡潔に話してくれたのだと思います。父の話を聞き私は子ども心にも、なに人をも救うこの上もない大きな慈愛に満ちた教えを持つのが、自分が今いる東大寺という所なのかと、とても優しい豊かな気持ちで一杯になったのを覚えています。

「父さんはな、自分が育った武蔵の家の夢をよう見るんや」

正義感の強いワンパク坊主だった少年時代のこと、自分の父母、兄妹弟のことを病室で話しながら、夜は野原をかけめぐっていたのでしょう。平成十一年四月、大手術を終え回復に向かった父は別当に就任。五月二日の聖武祭には金地の袈裟を着け、輿に乗って沢山の人々が見守るなか、大仏殿へと入りました。十四歳の息子の後ろ姿を見送った母、弟子として迎え入れ共に暮らした母。父の二人の母（実母冨澤ミサノと永晋の妻上司冨貴）はどんな思いで空から見ているだろうか、と私は涙が溢れてなりませんでした。

東大寺の僧侶として、一人の人間として、父がどれだけの思いを持ち、また業績を積んできたか、娘の私にも計り知れないものがあります。学園での同僚の先生方、生徒さん方をはじめ、ご縁、仏縁のあった皆さまから父への思いを聞かせていただくにつれ、そのような多くの方々がいて下さったからこそ、父もまた自分の力を発揮し信ずる道を歩めたのだと思うのです。心から……ありがとうございます。

「長い間世話してくれたのーてゆうて、母さんと二人で涙流してたんや……」

母と交代で病室に行った私に父は顔をくずして涙しながら言いました。月はもう六月に入っていました。

「たのしい人生やったと思うよ」

涙がとたんに出てきて胸がつまり、私は何も答えられませんでした。

東大寺塔頭持寶院、上司永慶・純子の子どもとして生まれた私達三人姉弟は「祈り」の中に居させてもらえたのだと思います。それは、結局「人間だけの力ではできないこと」――そのことへの畏敬の念と謙虚さと、そういう理解の元から湧き上がる深い愛に包まれ、学ぶ……ということなのだと。

そして……私が今、確信していること、それは、親は子の中に生きる、ということです。

二〇〇二年（平成十四年）二月二十日

永照別火入りの日に

あとがき

上司　純子

今年も変わらず、庭先のおみなえし、桔梗がゆらいでいます。各々の花こそ今はしのび草……。もう六十年も前の事、「兄ちゃんが帰って来はるねんヨ」と宝厳院前の大きな礎石の所まで、はずんで迎えに行った日。それが、永慶さん（当時は浩さん）と五歳の私との最初の出会い。家の門から四、五十メートルほどの所、人を迎えたり送ったり、いつも通る道でのあの日の情景を思い出してしまうと、急いで天を仰いでこらえなければならない時があります。

四人姉妹の末っ子にとって、兄の出現はとてもうれしいものでした。しかし、戦争がどんどん激化していった時代、学生は男子も女子も学徒動員・勤労奉仕という日々だったのです。そしてそのような混迷の中、昭和二十年三月、思えば修二会の最中に、父が他界しました。

兄にとっては、義父、また師匠との死別でもありました。家から離れての学生時代、直接的にはわずか二、三年程の師匠と弟子の関係だったでしょうか。そして敗戦……いうまでもなく、国民の大多数が経験した動乱と困憊、そして窮乏の時代となり、庭もいつしか裏の畑に続いて、大豆畑になっておりました。生垣にはあまりよく実らないかぼちゃが所々にぶらさがっていた様に思います。そんな頃、亡き父のつながりによる御縁で、姉たちは順に嫁いで行きました。

永慶さんは大学卒業後帰山し、お寺の先輩の方々から御指導を仰ぎ、法務や法要を勤める一方で、寺の僧侶が皆そうであるように、それぞれの部署に出向して責務を果たしておりました。当時永慶兄は、大仏殿での勤めと共に、夜の定時制の金鐘高校で教鞭をとっておりました。そして家では母と共に父の代わりとなって、持寶院の切り盛りにはげんでくれた時代でした。

昭和二十八年、時期が来て、持寶院住職となります。三十三年、四女（私）と結婚、その頃は青々中学（後の東大寺学園中高）で、先生方、そして生徒さんたち共々、一生懸命がんばった時代でした。昭和四十年以後は、各部署（学園・整肢園・二月堂〈上院〉・宗務所の執事・大仏殿）を、だいたい三年毎で移動しましたが、それぞれの時期に自ら何かを実践し行動して、色々な人との出会いや御縁が広がりました。おかげで私も多くの方々の御縁をいただき、折にふれ、その方々の事を懐かしく、親しく思い出しております。

私にとって、永慶さんは兄であり、父であり、夫であったのですが、いつもその背を見続け、そこに私の安住の場所がありました。幼い頃の尾を引いて、甘えを通させてもらい、語り尽くせぬ思い出を今も懐古しております。これは一生続くことでしょう。時が経つにつれ、過去を振り返ると、楽しいことばかりが思い出されます。しかし、皆様方から見られた、また接して下さった永慶さんは？　と思っていたところ、人間永慶さんの実像や人となりを、ゆかりのあった方々に、お話や文章を通して現していただき、形として残しませんかとお声をかけていただいたのが浦上先生でした。

浦上先生には、以前から肖像画をお願いしておりましたところ、心よく引き受けて下さり、立派なものが出来ました。今その御軸を床に掛けており、何かそこから声が飛び出てきそうな賑やかな空間となっています。

居間には悠遠の地シルクロードを旅したときの写真、にこやかな顔に向かって何でも報告し、時には「こんなに葉も花もみごとに育ってくれました」と、寒蘭、春蘭などを供えますと、「ヨーヤッテくれてるナー」と満足気にほほえんでおられます。

夫のこと話せば涙松虫草

どんなに忙しい時も、朝な夕なに植物に触れて愛で、小さな小さな蛍を卵から育て慈しむ、そんな中にお釈迦様の教えを重ねて読みとろうと、専念の一時であったのでしょうか。

ここに思い出深い一冊の書物が誕生いたしました事は、浦上先生の御尽力と、親しく御協力して下さった方々のお陰によるものと存じます。遺族を代表し、厚く御礼を述べさせていただきます。本当にありがとうございました。

合掌

昭和五十六年　二月　導師
　　　　　　　四月　華厳宗財務部長・東大寺財務執事
昭和五十七年　二月　導師、同年長女結婚
昭和五十八年　十月　初孫誕生
昭和五十九年　四月　華厳宗庶務部長・東大寺庶務執事
昭和六十年　二月　導師
昭和六十一年　十月　母他界
昭和六十二年　四月　華厳宗庶務部長・東大寺庶務執事
平成元年　二月　和上
平成二年　四月　華厳宗宗務長・東大寺執事長
平成三年　二月　導師、同年長男結婚
平成四年　二月　和上、同年次男結婚
平成五年　四月　大仏殿主任（兼）東大寺福祉事業団理事長
平成六年　二月　導師
平成八年　四月　大仏殿主任（兼）東大寺福祉事業団理事長
平成九年　二月　和上
平成十年　二月　和上（修二会最後）

平成十一年　一月　黄疸により入院、四月二十日退院
四月　華厳宗管長、第二百十五世東大寺別当就任、知足院、金珠院、東南院、戒壇院、無量院の住職、代表役員兼務
九月　ドイツ・ケルン、「東大寺展」レセプションに出席
十月　源頼朝公八百年御忌法要（於大仏殿）
平成十二年　四月　『なら世界遺産フォーラム二〇〇〇』にて「東大寺への誘い」と題して講演（於東京）
六月二十一日　西奈良中央病院にて病気静養中のところ、午前三時二十五分、肺炎のため遷化（七十二歳）